交易成本

镶嵌架构下PPP项目契约治理结构研究

李丽红　孔凡文　陈金海◎著

中国纺织出版社

国家一级出版社
全国百佳图书出版单位

内 容 提 要

本书将 PPP 项目契约治理结构作为研究对象,尝试在更适用于中国社会的交易成本 - 镶嵌架构下构建出基于契约体系治理与关系调节机制相结合的契约治理结构。本书内容有:一是 PPP 项目契约治理结构的初步设计,在交易成本 - 镶嵌架构下重新解释契约治理的基础上给出相应的概念模型,基于 PPP 项目的交易性质和关系性质,初步设计出包含了契约体系和关系调节机制的契约治理结构。二是 PPP 项目契约治理结构的整合设计,结合 PPP 项目契约治理各个维度的构建过程,最终形成了三维的治理结构:基于交易流程构建出治理的过程维、基于交易成本产生的人性与环境因素构建出治理的要素维、基于治理过程中契约体系与关系调节机制的作用机理构建出治理的运作维。三是对关系契约下 PPP 项目三维契约治理结构的治理难点进行了梳理和归纳。最后以福建泉州刺桐大桥项目的契约治理为例,尝试运用构建契约治理结构评价泉州刺桐大桥项目的契约治理能力,并提出提升能力的对策与建议。

图书在版编目(CIP)数据

交易成本:镶嵌架构下 PPP 项目契约治理结构研究 /李丽红,孔凡文,陈金海著. —北京:中国纺织出版社,2018. 5

ISBN 978 – 7 – 5180 – 4855 – 7

Ⅰ. ①交… Ⅱ. ①李… ②孔… ③陈… Ⅲ. ①政府投资—合作—社会资本—研究—中国 Ⅳ. ① F832.48 ② F124.7

中国版本图书馆 CIP 数据核字(2018)第 070910 号

策划编辑:顾文卓　　　　　　　　责任印制:储志伟

中国纺织出版社出版发行
地址:北京市朝阳区百子湾东里 A407 号楼　邮政编码:100124
销售电话:010—67004422　传真:010—87155801
http:// www.c-textilep.com
E-mail: faxing@c-textilep.com
中国纺织出版社天猫旗舰店
官方微博http:// weibo.com / 2119887771
北京玺诚印务有限公司印刷　各地新华书店经销
2018 年 5 月第 1 版第 1 次印刷
开本:710×1000　1 / 16　印张:9.5
字数:145 千字　定价:58.00 元

　　本书得到 2015 年教育部人文社科基金项目：交易成本——镶嵌架构下 PPP 项目契约治理结构（15YJC790043），以及住建部软科学研究基金项目：基于海绵城市建设的 PPP 融资模式选择与资本结构优化（2016-R2-037）资助，在此特别表示感谢！

PPP（public-private partnership）项目模式，即公私合作制，是公共部门为缓解财政压力和充分发挥市场机制作用而准许社会资本进入的一种公共项目提供模式。私人部门基于自身利益考虑的主动参与，可充分利用其专业能力进行更加科学的资源配置，从而大幅度提高公共服务或基础设施的治理绩效，进而达到社会公众与公私部门的多赢。2014 年我国正式启动了 PPP 模式的制度化建设，基于自上而下的政策推动，PPP 的发展也引起了相关部委、地方政府、学术界及研究机构、社会企业对 PPP 模式的热议及高度关注。

就我国 PPP 项目的实践来看，PPP 作为制度创新型治理手段，在项目的质量、工期、成本方面都取得了显著的成效，但作为一种长期的契约关系，其契约治理在各个阶段也暴露出许多问题。因此，建立一个系统且完整的治理结构是 PPP 项目契约治理的关键所在。本书在交易成本 - 镶嵌架构下研究 PPP 项目的契约治理结构，该结构需要兼顾完备的契约体系和高效的关系调节机制，以灵活应对 PPP 项目现阶段的诸多问题。

在吸纳交易成本—镶嵌架构和契约治理理论的基础上，本书结合 PPP 项目的特点构建出 PPP 项目契约治理结构。该治理结构的设计可以分为两个阶段：第一个阶段，结构的初步设计阶段，在交易成本 - 镶嵌架构下重新解释契约治理，并分析 PPP 项目的交易性质与关系性质，作为治理结构的解释变量推出被解释变量治理结构，治理结构包括针对交易性质治理的契约体系和针对关系性质治理的关系调节机制；第二个阶段，结构的整合设计阶段，基于 PPP 项目的一般交易流程和交易成本分类的流程性构建出治理过程维度；

交易成本：
镶嵌架构下 PPP 项目契约治理结构研究

基于 PPP 项目交易成本产生的人性与环境因素分析，从交易性质与关系性质两个角度做归纳性处理，构建出治理要素维度；基于治理过程中契约体系与关系调节机制的作用机理构建出治理运作维度，最终构建出 PPP 项目契约治理的三维结构并给出治理的关键过程。

由于关系契约对项目契约治理影响较大，本书依据关系契约的未来合作价值、信任、柔性、信息交流以及声誉机制等对项目治理方式的影响，从关系契约与正式契约共同治理的角度出发，设计了基于主体间契约关系的三维治理结构，并构建了 PPP 项目的自我实施机制，得出运用全面手段治理来解决政府与私人投资者的利益冲突、风险分担、控制权分配，以及承包商的机会主义行为等问题的治理思路。针对治理结构中的两大难点问题分别构建了数学模型：对于政府与私人投资者间的利益分配问题构建了 Nash 谈判模型，用模糊分析法确定风险分担系数，进而得出双方的利益分配系数；对于承包商的机会主义行为问题构建了基于负激励机制的多阶段关系契约博弈模型来论证关系契约对 PPP 项目治理的重要作用。结果表明，包含负激励机制的关系契约能够使承包商从 PPP 项目整体效益最大化出发，选择使 PPP 项目整体效益最大化的最佳投资策略，从而解决承包商发生机会主义行为的问题。

本书是我们研究团队系列课题的研究成果，除了一些理论内容在期刊上发表外，我们还以典型案例——福建泉州刺桐大桥项目的契约治理为例进行了实证分析，将案例嵌入设计出的契约治理结构中，就契约体系与关系调节作用机制的运行情况进行分析及作出评价，并就案例契约治理能力的提升提出相应的对策与建议。

交易成本—镶嵌架构下的契约治理理论可以帮助我们更真实地反映 PPP 项目中的契约环境，提供更加完整和多元化的治理手段，对处理我国现阶段 PPP 项目中普遍存在的公私关系问题有积极作用，由此增加了 PPP 模式研究的完整性和实践价值。

李丽红

目 录
Contents

1

第6章 实证分析 / 110

第7章 结论与展望 / 133

第1章 绪 论

1.1 研究背景及意义

1.1.1 研究背景

PPP 全称为 public‐private partnership，可译为公私合作制或公私伙伴关系。该模式起源于英国，随后又逐渐在葡萄牙、意大利、希腊、荷兰及爱尔兰等国家流行并发展起来。目前，不仅被广泛应用于基础设施建设（修建公路、铁路、地铁、隧道、桥梁、机场、港口、通信、供电、水厂、污水、垃圾处理厂等）和自然资源开发（采矿、油、气、处理/冶炼厂、输送管等）领域，也被用于公共服务产品的提供过程，甚至被用于医院、学校、剧院、体育馆、监狱和警察等公共机构的建立及运作过程之中。

作为近 20 多年的研究热点，国内外的相关机构和研究学者基于不同的立场和研究视角对 PPP 模式给出了不同的定义，但对其基本特征的理解已达成共识：

① PPP 模式的应用情境一般设定在公共服务或基础设施提供的领域中，发起者一般为公共部门，私人部门基于自身的利益考虑加入其中，双方建立一系列的契约关系。

② 引入 PPP 模式的目的在于充分发挥公共部门和私人部门双方的优势，重新整合并合理配置资源，以提高公共项目治理的绩效。

③ PPP 模式普遍基于"信任、公平、共赢"的思想，交易双方通过缔结一系列的长期的契约，进而建立起一种"利益共享、风险共担、全程合作"

的共同体关系，这种合作伙伴关系便是项目治理的主体。

就我国的 PPP 项目实践来看，PPP 模式既是一种契约结构，又是一种治理结构。一方面，PPP 治理结构使得项目在质量、工期、成本方面取得了显著的成效。但作为一种长期的契约关系，其契约的治理在各个阶段也暴露出许多问题，这些问题的根本解决依赖于是否能设计出一个全面、科学、稳定和有机的契约治理结构。而契约治理结构是由一套契约体系和调节机制构成的。一套完备的契约体系应依据一套目标体系，将人、组织、社会作为对象制定不同形式的显性契约或隐性契约，在目标体系下每一份契约都有各自的目标。因此，一份特许经营协议只是约束交易双方组织行为的显性契约，并不能作为约束交易双方行为的全部筹码，而现阶段国内外的 PPP 项目大都只依靠特许经营协议来规避机会主义行为。

威廉姆森（Williamson）在其交易成本理论中将建筑厂房类项目确定为资产专属性（asset specificity）强且交易频率（frequency）低的一类项目，其治理结构介乎市场治理（market governance）与层级治理（unified governance）之间，PPP 模式也属于这种治理结构的衍生物，但交易成本理论无法解释 PPP 模式中以战略目标一致、为对方考虑、利益共享、风险共担等为显著特征的伙伴关系。

在越来越推崇和谐与"善治"（good governance）的社会管理过程中，公共利益的最大化成为社会管理的初衷与落脚点，若干由此衍生出的制度与规则在潜移默化地影响着社会活动，这其中当然也包括公共项目的提供，因此，撇开交易双方的关系性质，单纯地通过分析交易性质（即资产专属性、交易频率、环境及行为风险）并不能完全覆盖性地解释使成本最小化的治理结构。

长久以来，"仁、义、礼"作为社会价值体系中的核心因素，一直影响着中国伦理的发展，久而久之，形成了以关系连带为重要评价指标的差序格局社会，交易成本理论中严肃僵硬的治理结构在此也显得水土不服，因此，分析 PPP 模式在中国的运行，交易双方的关系连带成为必须考虑的重要因素，这直接影响着项目治理的效率与效果。

综上，在交易成本的视角下，PPP 模式可理解为由交易性质决定的治理结构，而在交易成本－镶嵌架构（清华大学的罗家德教授于 2007 年提出的结合交易成本理论与镶嵌理论的新型架构）下，PPP 模式可理解为由交易性质与关系性质共同决定的一种治理结构，交易双方为公共部门与私人部门，交易资产为公共服务或基础设施的提供[1]。因此在崇尚"善治""仁、义、礼"的中国当下，交易成本－镶嵌架构下研究 PPP 项目契约治理结构更符合中国目前的实际。

PPP 项目治理，即契约治理的过程，包括了契约体系的整体规划，关系调节机制的建立，各契约的制定、执行、实现，契约与环境以及契约之间的相互作用等重要环节。由此可见，契约治理的结构是决定 PPP 项目治理绩效的关键因素，本书将 PPP 项目契约治理结构作为研究对象，尝试在更适用于中国社会的交易成本－镶嵌架构下分析 PPP 项目的交易性质与关键性质，并构建基于契约体系治理与关系调节机制相结合的契约治理结构。

1.1.2　问题的提出

尽管 PPP 模式在全球都得到了广泛的应用，但从 PPP 项目绩效上看，PPP 模式的影响具有正反两个方面。一方面，PPP 项目在质量、成本和工期方面确实较传统采购形式的项目有着显著的改进。根据英国所实施的 PFI（private finance initiative 的简称，PPP 的一种典型形式）项目数据，76% 的 PPP 项目都如期完成，远高于传统采购项目的 30%[2]。另一方面，PPP 项目的长期性也增加了交易的不确定性，由这种不确定性引起的风险轻则增加交易成本，严重的可直接导致交易的中断或失败。如英国 IT 类 PPP 项目广泛遭遇的契约失效，就是其变化迅速的产业特点与 PPP 模式长期性之间的矛盾导致的；发展中国家 PPP 项目中经常出现的再谈判问题，是其宏观经济共性或项目个体属性与 PPP 模式长期性之间的矛盾导致的。除此之外，项目所在地的经济制度、社会环境也是影响 PPP 项目绩效的重要因素。在拉丁美洲国家，大量的项目都存在着由于政府违反契约条款而导致项目合作中断的情况[3]。

在我国，自 1994 年开始将 BOT（build-operate-transfer 的缩写，PPP 的一种典型形式）模式应用于一些公共项目，如泉州刺桐大桥、广西来宾 B 电厂、上海大场水厂等，现在来看，PPP 模式的长期性在这些具有开创型的项目上得到了实践。2004 年国务院颁布《关于投资体制改革的决定》，允许社会资本进入法律法规未禁止进入的基础设施、公用事业等领域，使得 PPP 模式被广泛应用开来，尤其是公共轨道交通项目。2014 年，PPP 模式进入全力推广阶段，在国务院常务会议中，决定在基础设施等领域首推 80 个 PPP 项目，项目选择和制度建设均在全国各个省市推进。

从国内 PPP 项目实施效果来看，其契约治理历程可分为如下三个阶段。

第一个阶段，20 世纪 90 年代至世纪末，这个时期的 PPP 项目大多被冠以"首例"的标签，项目在运行初期有着高水平的建设速度和质量，也取得了不错的经济效益和社会效益，但前期运作不规范、契约制定不严谨也为后来移交阶段的重新谈判甚至"对簿公堂"埋下了隐患，有的项目甚至被提前终止或宣告失败。除此之外，在长期契约的执行过程中，法规政策的变化、经营条件的变化等因素也导致交易双方都经历了长时间的博弈和复杂的操作，交易成本的增加也让参与方不得不承担更多的风险，或将风险转移到公共项目的服务对象上，对项目所在的产业环境和公共社会环境都产生了一定的负面影响。

第二个阶段，2000—2013 年，这个时期对 PPP 模式的应用已经突破了 BOT 模式，发展出更多形式的 PPP 项目，如采用 JV-BOT 模式（JV 是 joint venture 的缩写，译为工程项目联营体）的北京奥运主体育场项目，采用 TOT 模式（transfer-operate-transfer 的简称，BOT 模式的变形）的杭州七格污水厂等。这些项目现在大多处在特许经营阶段初中期，私人部门专业的管理模式和经营手段使得项目在运营、维护等方面取得了不错的绩效，但公共项目的私营化也暴露出许多问题，如双方契约执行出现偏差，出现"特许"变"特权"的现象；又如公共部门缺乏足够的契约精神，导致项目运营环境改变，对项目的正常运营产生负面影响等。

第三个阶段，2014 年以来 PPP 项目的发展如火如荼，入库入地项目数量不断增加，对 PPP 项目治理提出了更高的要求。截至 2017 年 6 月末，全国入库项目有 13554 个、总投资额达 16.4 万亿元；示范项目 700 个、总投资额 1.7 万亿元，均有上升。全国入库项目、示范项目落地率为 34.2%、70.7%，较去年底增加 2.6 个百分点、20.5 个百分点。2017 年 PPP 落地投资额占累计固定资产投资总额比重较去年末小幅上升至 3.8%。随着入库项目的增加，公私双方都逐渐认识到契约环境是影响 PPP 项目契约治理的关键因素。因 PPP 项目相关立法还不完善，公私部门的契约精神均有待加强，交易双方对于自身的角色定位和项目的权责分配还未能有科学的认识，在这样的契约环境下进行长达十几年甚至几十年的合作，其契约治理的难度和效果可想而知。

因此，在目前政府大力推广 PPP 模式的背景下，建立一套完备的契约体系和形成高效的关系调节机制成为 PPP 模式的理论研究者和实践应用者首先要解决的难题和重点，也是 PPP 项目契约治理的关键所在。本书在交易成本－镶嵌架构下分析 PPP 项目的契约治理，以求找到将契约体系与调节机制兼顾的治理结构，作为应对 PPP 项目现阶段诸多问题的解决工具。

1.1.3 研究意义

研究 PPP 项目的契约治理结构不仅可以推进契约治理的理论发展，而且可以促进交易成本－镶嵌架构下的契约治理模式在具体 PPP 项目中的实践运用。

1.1.3.1 理论意义

①在交易成本－镶嵌架构下分析契约治理理论，可弥补其经济自利人假设带来的缺陷。在威廉姆森的以交易经济化为主要研究对象的契约治理理论中加入格兰诺维特（Granovetter）的镶嵌理论，即将交易经济活动嵌入到社会关系网络中。具体到契约体系的设计，本书以经济社会人为假设，将非正式契约，包括关系契约、社会契约与心理契约加入经典的契约治理结构中，可弥补经济自利人假设对实际交易活动中行为的解释力不足。

②包含治理过程、治理要素、运行机制的契约治理整合结构设计，是在交易成本－镶嵌架构下的一次操作性尝试，对交易成本－镶嵌架构的应用性发展有积极的意义。交易成本－镶嵌架构作为一个大型理论框架，在向大型理论发展的过程中还需要不断地对各种交易活动信息进行收集、整理、分析与研究，最终聚类整合后抽象为普遍适用的理论。本书在此架构下做了具体的操作性尝试，通过分析 PPP 项目的交易性质、关系性质，划分其交易过程，并在此基础上分析其契约治理的运行机制，最终整合形成 PPP 项目的契约治理三维结构，对交易成本－镶嵌架构的推广与应用有积极作用。

1.1.3.2 实践意义

①交易成本－镶嵌架构下的契约治理理论可以帮助我们更真实地反映 PPP 项目中的契约环境，由此增加了研究的实践价值和完整性。PPP 项目建立在一系列契约联接的基础上，契约类型包括长期与短期、正式与非正式、显性与隐性，且约束对象不尽相同，契约环境由此变得复杂而存在极大的不

确定性。交易成本－镶嵌架构从整个社会网络结构角度出发，综合分析交易活动中的交易性质与关系性质，从而确定契约治理结构，充分考虑了契约环境中的各种影响因素，在实践过程中的应用价值较高。

②交易成本－镶嵌架构下的 PPP 项目契约治理研究提供了更加完整和多元化的治理手段，对处理我国现阶段 PPP 项目中普遍存在的公私关系问题有积极作用。加入关系性质作为治理结构的解释变量也提出了关系治理的问题，因而契约治理结构中必然需要关系调节机制，其目的是建立、维护和保持 PPP 项目中的公私合作伙伴关系。

1.2 国内外研究综述

到目前为止，还没有文献就 PPP 项目的契约治理结构作出探索研究，现有研究主要以契约治理作为研究对象，以宏观的契约制度研究和微观的特许协议条款订立机制研究为主。

1.2.1 国外研究现状

国外对契约治理的研究文献较为丰富，其中契约治理的内容和手段成为研究重点，但对于契约治理结构中目标体系、契约体系及其调节机制方面只是表面论述，未作深入细致探讨，通过对有限文献中契约体系其调节机制方面信息的提取和梳理，可总结如下。

对近 3 年建设项目契约治理的目标研究进行梳理，可以发现在 PPP 项目的交易过程中，目标的确定主要有 3 个层面：①节约交易费用，降低交易成本；②建立、发展和保持合作关系；③提升项目管理的绩效，形成多方共赢的结果。文献研究的目标对象多只局限于项目本身，所涉及的单位和个体是项目的相关参与方和利益相关者，对于基于项目本身对整个建筑产业乃至社会的目标扩张都没有作深入解析。

在契约体系的构成方面，PPP 项目契约期限长，不确定因素多，公私双方均需制定详细的谈判策略，正式契约与非正式契约的结合已成为研究趋势。针对关系契约，Jicai Liu 等（2009）就应用实物期权模型，提出谈判余地带（a negotiation band）的概念，据此扩大公私双方讨价还价的范围 [4]。

在契约体系的设立方面，Hidde Siemonsma 等（2012）认为，私人企业将 PPP 项目的准入期提前会有助于项目的成功，尤其是对特别复杂的项目，交易双方的早期对话可以降低预期交易成本，提高预期契约价值，进而提高整个项目的价值 [5]。然而，根据 2004 年国务院颁布的《关于投资体制改革的决定》，PPP 项目大多有政府资金注入或属于《政府核准的投资项目目录》，故需审批或核准，这些程序增加了民营企业早期介入 PPP 项目的难度和风险。

文献资料中对于契约治理调节机制的研究较为多样化，基于不同建设项目管理模式也提出针对性的建议，但对契约治理在 PPP 项目中得以运行的整体机制未作出全面性的解剖和总结，使得契约治理结构缺少了整体的控制体系，本书将重点从这方面研究契约治理的运行机制。

表1.1　近年关于PPP项目契约治理的部分国外文献总结

Table 1.1 The summary of foreign literatures aboutcontractual governance structure on PPP projectin recent years

作者	文献	契约治理目标	支撑能力的衡量指标	支撑能力的改进
Carolina Came′n (2010)[6]	Service quality on threemanagement levels (A study of service quality in publictendering contracts)	针对服务外包交易中，发包方在契约制定时，如何保证承包方为用户提供高质量的服务	通过3个管理层面：操作层面；战略层面；重要性层面来评价影响服务质量的因素	通过3个管理层面的评价，对影响服务质量的因素作出调整，以达到既定目标。主要调整手段为改善这些影响因素在契约当中的定义、描述、解释等方面

作者	文献	契约治理目标	支撑能力的衡量指标	支撑能力的改进
Jacques Boulay (2010)[7]	The role of contract, information systems and norms in the governance of franchise systems	针对特许经营交易活动，授予者如何防止特许经营者的"脱轨自驾"行为，提升指令与实际行为的相符程度	采用"对特许授予者的服从性"(COMP)作为契约目标的衡量指标，其中COMP由3个变量(显性契约，信息共享，关系准则)的线性回归得出	通过调查研究得出多元线性回归方程，进而分析3个变量的个体和组合对COMP的影响程度，最后可根据回归方程中各个因素的影响系数，有的放矢地调整各个变量
Mieke Hoezen, Hans Voordijk and Geert Dewulf (2012)[8]	Contracting dynamics in the competitive dialogue procedure	激烈竞争对话(CD)驱动的项目中，提升承发包交易合作的动力。创造更多合作伙伴关系，降低大型复杂项目的失效成本	激烈竞争对话程序进展与预想的契合度，以项目进展过程中的一些关键事件作为度量节点。在项目的各个阶段中，相关参与方总是徘徊在谈判与承诺之间，这取决于是否有理解存在	激烈竞争对话程序进展得不如预期是由于参与方中至少一方的风险规避行为。关键事件表明理解的问题是由于正式契约和心理契约存在差别。谈判和承诺会作为替代品在交易过程中起作用。正式的法律契约和非正式的心理契约是互补的
Carolina Came′n, Patrik Gottfridsson and Bo Rundh (2011)[9]	Reducing opportunistic behaviour through a project	在若干限定条件下形成的一个缺少最初信任的交易环境中，正式契约是如何被用来建立和发展长期合作关系的	由7个方面来衡量正式契约的制定：契约设置；契约中细节程度；财务问题；技术问题；创建信任和社会信用问题；文化问题；知识问题	由于最初信任的缺失，契约不再只是信任的辅助控制机制，而是建立和发展合作关系的主要途径。契约运用法律限制来代替信任和降低不确定性，规定技术、财务、知识等合作形式，其他途径还有信息公开，建立绩效制度以尽量避免争端，建立争端解决机制等

作者	文献	契约治理目标	支撑能力的衡量指标	支撑能力的改进
Albertus Laan, Hans Voordijk and Geert Dewulf（2011）[10]	To trust or not to trust? Formal contracts and the building of long-term relationships	防止和克服在许多传统和DB项目中常见的机会主义行为导致的恶化模式	当风险出现时，项目参与方应对风险的态度是合作还是推卸；初始状态和关系进展状态在项目参与方的合作关系发展中的地位	项目联盟中的激励机制能有效遏制机会主义行为的发生。在项目联盟中发展合作关系需要周围的工作方法做支持，同时需要大量努力，如合理分担风险，建立利益共同体机制，来遏制参与方的剩余倾向——即利用机会背离联盟契约
Zhe Zhang Ming Jia (2010)[11]	Procedural fairness and cooperation in public-private partnerships in China	PPP项目中，通过契约治理中的程序公正改善合作效应	将合作效应分为直接效应、知识创造效应和社会效应，利用回归分析其与程序公正的相关性	通过增加正式和非正式契约来使程序公正间接影响PPP项目中的合作效应
Carolina Came′n and Patrik Gottfridssonand Bo Rundh (2012)[12]	Contracts as cornerstones in relationship building	在没有经验关系的前提下进行的项目，契约在合作关系的建立过程当中起着基础的作用	将关系建立过程分为6个阶段：前期关系阶段；预期阶段；磋商阶段；初步发展阶段；长期发展阶段；未来阶段。6个阶段中契约形式和所起的作用不同，评价标准也不同	谈判阶段：问题识别后形成契约框架(私)；关键事件没有谈判余地(公) 关系发展阶段：密集互动形成契约(私)；正式的，保持距离的契约(公) 关系建立阶段：契约扮演规范交易的角色(私)；契约起控制交易的作用(公)

作者	文献	契约治理目标	支撑能力的衡量指标	支撑能力的改进
Peter Davis, Peter Love (2011)[13]	Alliance contracting: adding value through relationship development	通过联盟和伙伴契约关系促进供应链成员合作，同时满足提升项目性能。创造知识共享和道德信任的氛围	建立联盟契约条件下的关系发展模型，分为评估、承诺和保持3个阶段。通过对从业者的深入访谈，收集数据，形成检查契约目标内容和执行的监督控制机制	在管理联盟关系时，项目的特定主题是巩固关系发展基础，这需要有一个识别结构。信任和承诺是对共同学习和问题解决都有极大影响。合作关系发展过程与个人关系、信任和组织发展息息相关
Zoran Perunovic′ and Mads Christoffersen Robert N. Mefford (2012)[14]	Deployment of vendor capabilities and competences throughout the outsourcing process	站在供应商的视角，分析在整个外包流程中，供应商应如何有效地部署其能力和发挥水平，以赢得、运作和更新外包契约	3种不同形式的能力投资组合：平衡的能力组合、单主导能力组合和多主导能力组合。两种不同的发挥水平：持久的；暂时的	供应商要想在现代更加动态和多变的市场环境中寻求在行业价值链中有所进步，必须拓展他们能力的投资组合。同时交易当中的关系管理是十分重要的关键因素
Yvon Pesqueux (2012)[15]	Social contract and psychological contract: a comparison	社会契约：体现为一种政治模型，体现的是政府的治理思想。自然状态呼唤和转化为文明状态。心理契约：体现为一种心理模型，体现的是自我保持和控制。突出信任的重要性	社会契约：政治疏远程度，私有财产的划分，持久性；心理契约：两个维度：承诺和协议（特定的组织来安排）；违约的可能性、时效性、疏远程度：自我控制和控制他人	社会契约：以自然主义为起点而后发展成为一种政治理论——基于交流逻辑；心理契约：以组织为起点——基于交易逻辑

1.2.2 国内研究现状

目前国内对于契约治理的研究文献较少，且绝大多数是对 B2B、B2C 等互联网市场领域交易的研究，对契约治理在 PPP 项目中的应用缺乏深入的探索。通过对近年来国内对于契约治理的研究文献进行梳理，可以总结出目前的研究大部分从交易成本和关系的视角解释契约治理结构，其中系统地研究 PPP 项目契约体系的文献主要有以下 7 篇。

表1.2 近年PPP项目契约体系研究部分国内文献总结

Table 1.2 The summary of national literatures about contractual governance structure on PPP project in recent years

作者	文献	研究过程	研究结论
柳锦铭，陈通（2007）[16]	基于综合社会契约论的公共项目契约性分析	基于综合社会契约理论和利益相关者理论，分析公共项目的契约特征及其本质	公共项目契约是兼具显性契约和隐性契约的综合社会契约，是长期契约与短期契约的统一。其本质是一组利益相关者围绕有限公共资源进行有效配置的不完全契约网
黄腾，柯永建，李湛湛，王守清（2009）[17]	中外PPP模式的政府管理比较分析	从政府机构设置、项目评估、私营机构选择、合同范本管理、监管和争端处理等方面对比分析国内外PPP法规、政策和指南，进而对我国应用PPP模式的政府管理提供建议	1.政府机构设置方面，由政府某一部委对PPP项目进行专属管理 2.项目评估方面，项目选择应依据物有所值的概念和定量计算物有所值方法 3.私营机构选择方面，应该提出招标标准，并且建立规范化的招标流程 4.合同管理方面，在关键节点提出操作性建议 5.监管方面，在各个阶段提出针对性建议 6.争端处理方面，出台完善的争端处理方法及步骤政策

作者	文献	研究过程	研究结论
亓霞，柯永建，王守清（2009）[18]	基于案例的中国PPP项目的主要风险因素分析	基于案例汇总分析，找出项目失败或出现问题的主要影响因素，对其产生原因和内在规律进行深入分析，并为规避和管理这些风险提出相应的措施建议	1.公共部门与民营机构都要进行充分的市场调查，做好市场预测工作 2.政府应加强对PPP知识的学习 3.民营机构不要抱有投机心理，易引起政府出现信用风险 4.建立公平合理的风险分担机制
陈帆（2010）[19]	基于契约关系的PPP项目治理机制研究	基于对PPP项目契约的主要特征及项目契约主体之间的合作博弈关系的分析，以契约治理为纽带，分别对项目投资人、项目经理和承包商的治理内容进行研究	1.适度集中的股权结构可以通过合理的股权制衡推动项目治理结构的形成，有利于提高项目治理效率 2.设计出报酬激励、控制权激励和约束契约三位一体的项目经理的行为治理机制 3.承包商的合作效率的实现需要在正式契约的基础上，利用关系契约和剩余权利的合理配置进行治理
张水波、康飞、高颖（2011）[20]	国际PPP项目合同网络及其承购合同的安排	分析了PPP合同网络的关系链以及各个合同之间的相互作用，并以国际PPP电力项目为例进行具体分析	上游的特许权协议、EPC合同等，对承购合同的安排、供电与购电义务、协议生效的先决条件、支付方式和程序、不可抗力与法律变更、争议解决方式都有很大的影响，有些条件甚至传递到承购合同本身之中
孟紫霞（2013）[21]	PPP模式下合同制治理的问题及对策研究	分析了PPP模式下政府实施合同制治理的特点、优势、成效以及PPP模式下政府在合同制治理中的职责，对政府实施合同制治理现存的问题及原因进行分析	PPP模式合同制治理是对政府能力的要求 理性地看待一种治理模式 追求公私利益多赢的治理格局

作者	文献	研究过程	研究结论
王守清，程珊珊（2014）[22]	国内外PPP项目适用范围"PK"	基于对国内外PPP应用范围相关规定的梳理总结，提出对PPP适用范围的看法	PPP主要适用于自然资源开发、基础设施和公用事业项目，并按融资的难易程度将其排序

除此之外，贾明，张喆，万迪昉等（2007）从契约视角出发，指出影响PPP效率的关键是控制权的最优配置，并提出了"从不完全契约和关系契约两个方面研究PPP合作模式中控制权最优配置问题"[23]。唐杜桂和刘海（2008）对建筑业供应链机制建设提出改进措施，目标为降低工程总成本、增强建筑企业的核心竞争力[24]。乐云等（2010）研究了信任在建设项目当中的产生机制及影响[25]。方文丽等（2010）从PPP项目的长期契约本质切入，对陷入困境的PPP项目，是否应该展开救助、应该如何展开救助、救助的效果如何进行了探讨[26]。刘跃武等（2011）针对建筑业的供应链关系网络，基于交易成本理论提出节约供应过程中的成本，提高工程项目的绩效[27]。张羽，徐文龙，张晓芬（2012）在不完全契约视角下对PPP效率的影响因素进行了分析[28]。杜亚灵、闫鹏（2013）提出了依据PPP项目缔约过程中信任的动态演化规律来制定缔约风险控制策略的思路，包括以提高初始信任为导向的投资人选择和基于持续性信任动态演化的契约谈判[29]。孙慧、叶秀贤等（2013）从不完全契约视角出发，研究了PPP模式下剩余控制权配置对公私双方投入的影响[30]。

可见，国内的研究学者都注意到契约治理作为交易成本理论的分支，在中国的人情文化的限制下，并不足以解释国内交易中的非正式契约行为，所以将契约治理理论中的理性经济人假定模糊化，从经济人和社会人结合的角度出发研究建设项目中契约治理的应用。

Williamson的交易成本分析架构基于理性经济人的假设，忽视了人际关系、信任等在交易中的作用，考虑到以人情为代表的关系连带在国内交易中的重要性，罗家德等（2007）在此基础上，结合Granovetter镶嵌理论，提出了交易成本-镶嵌架构，解释变量为交易性质和关系性质，被解释变量为契约治理结构[1]。但并未对PPP项目中的契约关系做实际探讨，本书拟在交易成本-镶嵌架构下研究PPP项目中的契约治理结构问题。

1.3　研究内容与研究方法

1.3.1　研究内容

第1章绪论，主要介绍本书的研究背景、国内外研究现状、研究的内容及方法。

第2章 PPP 项目与交易成本－镶嵌架构的理论基础，主要介绍 PPP 项目契约治理的相关理论基础。首先，对 PPP 项目的概念及其契约体系进行简单介绍；其次，介绍了交易成本与契约治理理论的发展及其主要内容；最后，介绍了交易成本－镶嵌架构及其解释变量与被解释变量，为构建 PPP 项目契约治理结构做理论铺垫。

第3章 PPP 项目契约治理结构的初步设计，主要介绍 PPP 项目契约治理结构的初步设计过程。首先，在交易成本－镶嵌架构下重新解释契约治理，并给出相应的概念模型；其次，介绍契约治理在 PPP 项目中的应用思路，解释治理结构设计路径；再次，在交易成本－镶嵌架构下分析 PPP 项目的交易性质与关系性质，作为治理结构的解释变量；最后，基于 PPP 项目的交易性质和关系性质，初步设计出包含了契约体系和关系调节机制的契约治理结构。

第4章 PPP 项目契约治理结构的整合设计，主要介绍 PPP 项目契约治理各个维度的构建过程及最终形成的三维治理结构。首先，基于对 PPP 项目的交易流程构建出治理过程维度；其次，基于 PPP 项目交易成本产生的人性与环境因素构建出治理要素维度；再次，基于治理过程中契约体系与关系调节机制的作用机理构建出治理运作维度；最后，构建出 PPP 项目契约治理的三维结构并给出治理的关键过程。

第5章关系契约下 PPP 项目契约治理结构的实施，从关系契约与正式契约共同治理的角度出发，设计了基于主体间契约关系的三维治理结构，并构建了 PPP 项目的自我实施机制，针对治理结构中的两大难点问题分别构建了数学模型：对于政府与私人投资者间的利益分配问题构建了 Nash 谈判模型，用模糊分析法确定风险分担系数，进而得出双方的利益分配系数；对于承包商的机会主义行为问题构建了基于负激励机制的多阶段关系契约博弈模型。

第 6 章实证分析，主要以福建泉州刺桐大桥项目的契约治理为例，尝试运用构建契约治理结构评价泉州刺桐大桥项目的契约治理能力，并提出提升能力的对策与建议。

第 7 章结论与展望，主要是基于前几章的理论与实践分析，概述所得结论，并提出其中的不足，由此得出进一步的研究展望。

1.3.2　研究方法

本书是对 PPP 项目契约治理的成熟度研究，在研究方法上，则尽可能地综合运用理论性和实践性的基本研究方法，以达到研究目标。

1.3.2.1　文献研究法

即通过广泛地查阅国内外相应的文献资料，了解国内外契约治理的理论发展及实践操作现状。国外的契约治理理论研究较为成熟，实践发展亦相对较高，值得我们学习和借鉴研究。国内研究文献较少，通过对核心文献进行总结、归纳，再结合国外实践理论及经验，可分析、选择出适合支持本次研究内容的理论及方法。

1.3.2.2　实证分析法

本书设计的契约治理结构涉及的影响因素多且相互间的关联性高，作为描述 PPP 项目契约治理的特征及其内部联系或与外界联系的方法，契约治理的实效性很重要，为保障契约治理研究的科学性以及理论知识与实践应用能相结合，本书收集了契约治理在现有 PPP 项目中应用的部分案例，以此为实证基础来完善研究内容的理论性。

1.3.2.3　数学模拟法

根据 PPP 项目治理结构中的契约关系，在本书第 5 章运用 Nash 谈判博弈模型来确定政府与私人投资者的利益分配系数，并用 3 个阶段的博弈模型来验证关系契约对承包契约治理的正确性。

1.4　研究的技术路线及创新点

1.4.1　研究的技术路线

本书的研究过程可分为 3 个阶段。第一阶段为文献整理以及在此基础上搭建理论框架，主要完成了对 PPP 项目、契约治理理论和交易成本－镶嵌架构的综述。第二阶段为本书重点，即在交易成本－镶嵌架构下重新解释契约治理并应用于 PPP 项目，具体地，将 PPP 项目交易性质与关系性质作为自变量（解释变量）x，以不确定性最小化为目标设计的三维治理结构为因变量（被解释变量）y。第三阶段选择具有代表性的泉州刺桐大桥作为案例进行实证分析，分别从治理结构的两个运行维度分析后给出契约治理的相关建议。

1.4.2　创新点

研究视角方面，采用罗家德的交易成本－镶嵌架构，对契约进行重新定义与分类，建立了完整的 PPP 项目综合契约体系。

交易成本－镶嵌架构是对威廉姆森的交易成本理论和格兰诺维特的镶嵌理论进行集成而形成的新的理论框架。在该研究视角下，本书基于经济交易活动涉及的领域，按照前提假设、约束对象、约束内容、表现形式等方面的不同，将契约分为正式契约、关系契约、显性社会契约、隐性社会契约和心理契约，结合 PPP 交易流程与项目特征，构建了 PPP 项目的综合契约体系。

研究内容方面，在系统地分析 PPP 项目交易性质与关系性质的基础上设计了集过程维、要素维、运作维于一体的三维契约治理结构，整理出了 PPP 项目契约治理的关键过程。

通过梳理文献发现，目前对 PPP 项目的治理研究多集中在经济效率与关系治理中的一点，没有结合二者形成完整的治理结构。本书在系统分析 PPP

项目的交易性质与关系性质后，基于交易性质的治理构建了正式契约与非正式契约结合的契约体系，基于关系性质的治理建立了关系调节机制，包括契约制定、执行和实现过程中各个决策前的信任与权力选择、决策后的激励与监督，契约体系与关系调节机制构成了契约治理结构的运作维度。之后，整合 PPP 项目契约治理的过程维度、要素维度，最终形成三维的治理结构。

研究成果方面，本书在交易成本–镶嵌架构下引出关系契约是契约治理的重要内容。从而基于关系契约的视角来研究 PPP 项目治理问题，分析出关系契约的未来合作价值、关系性规则与声誉的内在和外在影响机制；构建了 PPP 项目基于全过程周期、全角色、全面手段治理三维视角的治理结构。

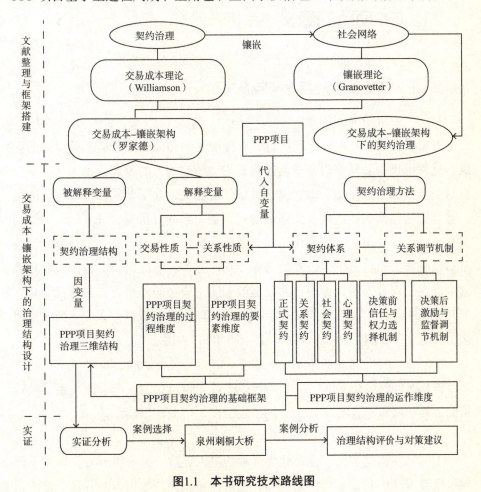

图1.1 本书研究技术路线图

Fig. 1.1 The research methdology

第2章 PPP项目与交易成本 -镶嵌架构的理论基础

2.1 PPP项目的涵义

2.1.1 PPP 项目的概念与特征

2.1.1.1 PPP 项目的概念

PPP 项目，即公私合作制项目，可理解为一种公共服务或基础设施的提供，这种提供由公共部门基于提高项目治理绩效的目的发起，私人部门基于自身利益考虑主动参与，双方遵循"信任、公平、共赢"的合作原则，通过一整套契约体系的约束以及贯穿治理过程的关系调节机制，建立起一种"利益共享、风险共担、全程合作"的长期合作伙伴关系。因此，公私合作制项目必须秉承公正、公平、公开的合作原则。另外，国际组织、各国政府和地方政府在公司合作制合作中的共同经验表明，成功的公司合作制项目都有以下几个先决条件：①监事的法律框架；②明确的政府职能；③能干的执行团队（公私）；④透明的规定程序；⑤科学的操作方法。

2.1.1.2 PPP 项目的特征

PPP 项目依赖公共部门与私人部门通过契约结成的长期合作关系，从传统的公共项目和普通建设项目两个角度去比较，都有其显著的特征。

（1）与传统的公共项目比较

①项目性质复杂化：这是社会资本的进入导致的，合作双方的性质不同导致双方关注的利益和合作动机等方面都存在差异，如何统一合作双方的认

知，共同以发挥资金的最佳价值（value for money，VFM），提供完善的服务设施和创造优良的社会效益为目标。

②公共部门角色简单化：合作方在参与项目时，共同承担责任和融资风险，公共部门在将资源控制权转移的同时也转移了风险，同时将自身的角色简单化，仅作为项目的发起人和监管者，而将并不擅长的建设运营者的角色，交给更专业的私人企业来扮演，合理的资源配置将更有利于提升项目水平。

（2）与普通建设项目比较

①产品的公共性：通过公私合作制方式生产的产品通常为公共品或准公共品，因此，项目的社会效益成为了评价项目整体水平的一个重要指标，这也使得产品的质量和水平有了更严苛的标准。

②市场与政府的有效结合性：PPP 项目使得竞争取代垄断成为可能，市场与政府形成一种良性的沟通交流机制，使得公共部门与私人部门可以结合为伙伴关系，并由契约约束双方的权利与义务以确保项目的顺利完成。

除此之外，从交易成本的角度去看，PPP 项目虽在降低风险、提高质量和效率方面有绝对的优势，但其合作方式产生了不可避免的交易成本，当交易成本过高而抵消了私人部门降低生产成本所带来的收益时，PPP 项目的经济效率即为零。因此，对于采取 PPP 模式的建设项目，交易成本最小化成为了 PPP 项目的重要经济目标。

2.1.2　PPP 项目的政策与法律环境

近年来，政府在经济体制改革上下了很大的决心。采购公共服务、大力鼓励民间资本进入公用设施建设领域成为本届政府的重点工作之一，并在党的十八届三中全会、政府工作报告中一再强调。基于自上而下的政策推动 PPP 模式的发展，引起了相关部委、地方政府、学术界及研究机构、社会企业对 PPP 模式的热议及高度关注。包括中央财经大学财经研究院院长王雍君在内的多位业内专家分析，面临地方还债高峰和房地产市场颓势拉低经济增速的双重压力，采用 PPP 模式进行基础设施建设是地方融资和减轻还债压力的可行选择。

继 2013 年年底财政部在全国财政工作会议上专门召开政府和社会资本合作（PPP）专题会议之后，2014 年 3 月，财政部又组织了全国财政系统干部、金融机构和大型企业业务骨干人员参加的 PPP 专题培训班。财政部领导在上述专题培训班开班式上强调，推广使用 PPP 模式是支持新型城镇化建设的重要手段。并估计，到 2020 年城镇化带来的投资需求约为 42 万亿元。财政部主要采取三方面措施发展 PPP 模式：一是面向社会推出 80 个 PPP 项目；二是成立 PPP 中心，主要负责提供不同行业的 PPP 项目标准文本；三是对地方财政进行培训，推动各级官员转变观念，并指导其分类开展 PPP 项目。

2014 年 10 月 24 日，党的十八届四中全会闭幕次日，国务院常务会议要求，有关部门积极推广 PPP 模式。9 月 21 日，《国务院关于加强地方政府性债务管理的意见》（国发 43 号文）指出："对适宜开展政府与社会资本合作（PPP）模式的项目，要大力推广 PPP 模式，达到既鼓励社会资本参与提供公共产品和公共服务并获取合理回报，又减轻政府公共财政举债压力、腾出更多的资金用于重点民生项目建设的目的。"[31]

在这种形势下，PPP 模式的推广显著加快，无论是项目还是制度建设均在全国多个省市推进，这一模式主要由各省财政部门推动，表 2.1 至表 2.5 梳理了 2014 年 12 月 25 日以前，我国出台的具有代表性与影响力的关于 PPP 项目的法律法规与政策文件。

表2.1 我国关于PPP项目的相关法律

Table 2.1   The related laws about the PPP project in China

法律名称	颁布/修订时间
《中华人民共和国担保法》（主席令八届第五十号）[32]	1995-06-30
《中华人民共和国价格法》（主席令八届第九十二号）	1997-12-29
《中华人民共和国合同法》（主席令九届第十五号）	1999-03-15
《中华人民共和国招标投标法》（主席令九届第二十一号）	1999-08-30
《中华人民共和国政府采购法》（主席令九届第六十八号）[33]	2002-06-29
《中华人民共和国港口法》（主席令十届第五号）	2003-06-28
《中华人民共和国行政许可法》（主席令十届第七号）	2003-08-27
《中华人民共和国商业银行法》（主席令十届第十三号）	2003-12-27
《中华人民共和国公路法》（主席令十届第十九号）	2004-08-28
《中华人民共和国土地管理法》（主席令十届第二十八号）	2004-08-28
《中华人民共和国公司法》（主席令十届第四十二号）	2005-10-27
《中华人民共和国物权法》（主席令十届第六十二号）	2007-03-16
《中华人民共和国城市房地产管理法》（主席令十届第七十二号）	2007-08-30

续表2.1

法律名称	颁布/修订时间
《中华人民共和国城乡规划法》（主席令十届第七十四号）	2007-10-28
《中华人民共和国企业国有资产法》（主席令十一届第五号）	2008-10-28
《中华人民共和国建筑法》（主席令十一届第四十六号）	2011-04-22
《中华人民共和国环境保护法》（主席令十二届第九号）	2014-04-24
《中华人民共和国保险法》（主席令十二届第十四号）	2014-08-31

表2.2　我国关于PPP项目的相关法规

Table 2.2　The related regulations about the PPP project in China

法规名称	颁布/修订时间
《中华人民共和国土地管理法实施条例》（国务院令第256号）	1998-12-24
《建设工程质量管理条例》（国务院令第279号）	2000-01-30
《建设工程安全生产管理条例》（国务院令第393号）	2003-11-24
《收费公路管理条例》（国务院令第417号）[34]	2004-09-13
《中华人民共和国招标投标法实施条例》（国务院令第613号）	2011-11-30
《城镇排水与污水处理条例》（国务院令第641号）	2013-10-02
各地公用事业特许经营办法、条例与规定	1994—2014

表2.3　我国关于PPP项目的相关规章制度

Table 2.3　The related rules about the PPP project in China

规章名称	发布时间
《关于实行建设项目法人责任制的暂行规定》（计建设〔1996〕673号）	1996-01-20
《关于推进城市污水、垃圾处理产业化发展的意见》（计投资〔2002〕1591号）	2002-09-10
《关于加快市政公用行业市场化进程的意见》（建城〔2002〕272号）	2002-12-27
《企业国有产权转让管理暂行办法》（财政部〔2003〕3号）	2003-12-31
《市政公用事业特许经营管理办法》（建设部令第126号）	2004-03-19
《关于印发城市供水、管道燃气、城市生活垃圾处理特许经营协议示范文本的通知》（建城〔2004〕162号）	2004-09-14
《企业国有资产评估管理暂行办法》（国资委令第12号）	2005-08-25

续表2.3

规章名称	发布时间
《关于加强市政公用事业监管的意见》（建城〔2005〕154号）	2005-09-10
《经营性公路建设项目投资人招标投标管理规定》（交通部令2007年第8号）	2007-09-28
《招标拍卖挂牌出让国有建设用地使用权规定》（国土资源部令第39号）	2007-09-28
《企业会计准则解释第2号》（财会〔2008〕11号）	2008-08-07
《项目融资业务指引》（银监发〔2009〕71号）	2009-07-18
《固定资产贷款管理暂行办法》（银监发〔2009〕2号）	2009-07-23
《流动资金贷款管理暂行办法》（银监发〔2010〕1号）	2010-02-12
《关于进一步鼓励和引导社会资本举办医疗机构意见的通知》（国办发〔2010〕58号）	2010-11-26
《关于进一步鼓励和引导民间资本进入市政公用事业领域的实施意见》（建城〔2012〕89号）	2012-06-08
《天然气基础设施建设与运营管理办法》（发展改革委令第8号）	2014-02-28
《政府核准投资项目管理办法》（发展改革委令第11号）	2014-05-14
《外商投资项目核准和备案管理办法》（发展改革委令第12号）	2014-05-17
《关于加强城市地下管线建设管理的指导意见》（国办发〔2014〕27号）	2014-06-14
《关于加快推进健康与养老服务工程建设的通知》（发改投资〔2014〕2091号）	2014-09-12
《关于推广运用政府和社会资本合作模式有关问题的通知》（财金〔2014〕76号）[35]	2014-09-23
《地方政府存量债务纳入预算管理清理甄别办法》（财预〔2014〕351号）[36]	2014-10-23
《关于印发政府和社会资本合作模式操作指南（试行）的通知》（财经〔2014〕113号）[37]	2014-11-29
《关于政府和社会资本合作示范项目实施有关问题的通知》（财金〔2014〕112号）[38]	2014-11-30
《关于开展政府和社会资本合作的指导意见》（发改投资〔2014〕2724号）[39]	2014-12-02

表2.4　我国关于PPP项目的相关规范性文件

Table 2.4　The related normative documents about the PPP project in China

规范性文件名称	发布时间
《对外贸易经济合作部关于以BOT方式吸引外商投资有关问题的通知》（外经贸法函〔1994〕第89号）	1995-01-16
《国家计委、电力部、交通部关于试办外商投资特许权项目审批管理有关问题的通知》（计外资〔1995〕1208号）	1995-08-21
《国务院关于固定资产投资项目试行资本金制度的通知》（国发〔1996〕35号）	1996-08-23
《财政部关于加强基础设施建设资金管理与监督的通知》（财基字〔1999〕50号）	1999-03-30
《国家计委关于加强国有基础设施资产权益转让管理的通知》（计外资〔1999〕1684号）	1999-10-19
《国务院关于加强城市供水节水和水污染防治工作的通知》（国发〔2000〕36号）	2000-11-07
《国家计委关于印发促进和引导民间投资的若干意见的通知》（计投资〔2001〕2653号）	2001-12-11
《国家计委、财政部、建设部、水利部、国家环保总局关于进一步推进城市供水价格改革工作的通知》（计价格〔2002〕515号）	2002-04-01
《国家发展计划委员会、建设部、国家环境保护总局关于推进城市污水、垃圾处理产业化发展的意见》（计投资〔2002〕1591号）	2002-09-10
《建设部关于加快市政公用行业市场化进程的意见》（建城〔2002〕272号）	2002-12-27
《国务院办公厅关于加强城市快速轨道交通建设管理的通知》（国办发〔2003〕81号）	2003-09-27
《国务院关于投资体制改革的决定》（国发〔2004〕20号）	2004-07-26
《国务院关于鼓励支持和引导个体私营等非公有制经济发展的若干意见》（国发〔2005〕3号）	2005-02-29
《国务院关于调整固定资产投资项目资本金比例的通知》（国发〔2009〕27号）	2009-05-25
《国务院关于鼓励和引导民间投资健康发展的若干意见》（国发〔2010〕13号）	2010-05-07
《国务院关于加强地方政府融资平台公司管理有关问题的通知》（国发〔2010〕19号）	2010-06-10

续表2.4

规范性文件名称	发布时间
《国务院办公厅关于鼓励和引导民间投资健康发展重点工作分工的通知》（国办函〔2010〕120号）	2010-07-22
《国家发改委、财政部、交通运输部关于进一步完善投融资政策促进普通公路持续健康发展的若干意见》（国办发〔2011〕22号）	2011-04-24
《国务院关于加强城市基础设施建设的意见》（国发〔2013〕36号）	2013-09-06
《国务院办公厅关于政府向社会力量购买服务的指导意见》（国办发〔2013〕96号）[40]	2013-09-26
《国务院办公厅关于加强城市地下管线建设管理的指导意见》（国办发〔2014〕27号）	2014-06-14
《国务院关于近期支持东北振兴若干重大政策举措的意见》（国发〔2014〕28号）	2014-08-08
《国务院关于加强地方政府性债务管理的意见》（国发〔2014〕43号）[31]	2014-10-02
《国务院关于深化预算管理制度改革的决定》（国发〔2014〕45号）[41]	2014-10-08
《国务院关于加快发展体育产业促进体育消费的若干意见》（国发〔2014〕46号）[42]	2014-10-20
《国务院关于发布政府核准的投资项目目录（2014年本）的通知》（国发〔2013〕47号）	2014-11-18
《国务院关于创新重点领域投融资机制鼓励社会投资的指导意见》（国发〔2014〕60号）[43]	2014-11-26

表2.5 我国关于PPP项目的相关示范文本

Table 2.5 The related model contract forms about the PPP project in China

示范文本名称	发布时间
《城市供水特许经营协议示范文本》（GF-2004-2501）（建城〔2004〕162号）	2004-09-14
《管道燃气特许经营协议示范文本》（GF-2004-2502）（建城〔2004〕162号）	2004-09-14
《城市生活垃圾处理特许经营协议示范文本》（GF-2004-2505）（建城〔2004〕162号）	2004-09-14
《城市污水处理特许经营协议示范文本》（GF-2006-2503）（建城〔2006〕126号）	2006-05-22
《城镇供热特许经营协议示范文本》（GF-2006-2504）（建城〔2006〕126号）	2006-05-22

国发 43 号文提出推广使用 PPP 模式后，财政部密集发文，要求大力推广 PPP 模式，将部分政府债务通过 PPP 模式转为企业债务。2014 年 10 月 29 日，负责 PPP 立法起草工作的国家发改委在召开的"关于加快法治机关建设"新闻发布会上也表示，将抓紧起草《基础设施与公用事业特许经营法》（即 PPP 法）并上报国务院。但 PPP 立法目前仍面临两大关键性难题，出台时间也没有明确。虽然财政部在相关的政策保障方面向前迈出了步伐，但是面临过往实践中法律现状、信用问题、能力建设、监管问题等障碍，PPP 项目实施仍然欠缺程序上的可操作性。

2.1.3　PPP 项目中的契约

PPP 模式的法律文本体系主要由三个方面组成：一是基础交易合同体系，侧重于解决商务层面事宜；二是融资合同体系，侧重于安排资金、资本层面事宜；三是协调机制，侧重于相关重要事项中的权益配置及程序性事宜。事实上商务和融资合同文本中亦会涉及权益配置和程序性条款。但考虑到合同双方在文本中约定第三方义务在法理上是被禁止的，同时公共部门对于基础交易合同和融资合同体系的参与又十分有限，因此这里的协调机制主要是指以特许权协议为核心，涉及公、私间利益协调及公共产品提供的专门性机制设计[44]。

2.1.3.1　基础交易合同体系

基础交易合同体系按照项目商务架构，可以划分为如下几个子体系。

其一，项目建设相关合同。PPP 项目前期，通常由公共部门充任的项目发起人，会联合私人部门合作方，对项目发起和组织事宜进行谈判磋商，明确各方行动指南和职责分工，其合同文本成果通常为 MOU（合作备忘录）和 Route Map（路线图）。由于项目 EPC（设计、采购和建设）事项不一定由 PPP 框架下的项目实质合作方进行，通常外包处理，加之与项目建设施工相关的经济、技术可行性论证以及环境社会影响评估事项绝大多数对外委托给独立第三方，这样就形成了工程合同、委托协议等法律文本。

其二，项目运营管理相关合同。如果项目公司仅是一个资本平台，运营管理由专门的项目管理公司来承担，这类合同会由项目公司和项目管理主体签订。否则，相关契约通常会以项目公司章程形式体现。在内容上，通常涉及项目运行和经营管理，以及资产的管理和使用事项，对项目资产使用范围和期限、运营管理和后期投入等进行规约。

其三，供应合同及产品销售合同。PPP 项目不但要通过产品销售实现预期利润，从而有效吸引社会资本和私人部门参与，同时必须保证公共产品和服务的持续有效提供。供应合同主要保障的是能源或原材料等基础投入品供应的稳定性。项目产品销售合同的核心，一是交易价格，重点关注价格锁定程度，主要体现为阶梯价格或价格调整机制的确定；二是交易数量，重点关注产品的买方接收数量和结算数量的确定，一般有按照实际提供量、实际消费量或固定上限结算，以及 Take or Pay（照付不议）等结算方式。

2.1.3.2 融资合同体系

融资合同体系是 PPP 模式中政府和社会资本合作关系的本质体现。通常，PPP 项目通过设立 SPV（特殊目的实体）作为资金和资本整合的平台，因此 SPV 设立文件是融资文本体系的骨架。尤其是 SPV 章程和股东间协议，会在明确项目资产边界、协调股东权益和构建项目公司决策机制等方面起到核心作用。此外，项目融资往往会涉及贷款、债券发行和融资租赁等债权性质协议，根据不同的债务融资方式，会包含诸多一般性融资条款，当然其核心内容是资金价格、融资前提条件和放、还款安排。为保障资金安全，项目融资中通常会基于债权人或股权人利益，以及合理规避风险的需求，设置从属于股权和债务融资协议的抵押、质押或担保措施，购买财产保险和信用保险，担保协议和保单条款的主干则是风险覆盖范围、受益人及赔付条件。为了有效配置追索、保全乃至债务重组、破产清算等事项中的债权人表决权，并在债权人间平衡保险和担保权益，对包括 PPP 模式在内的多数项目融资而言，债权人间的协议是必不可少的。

2.1.3.3 协调机制

PPP 契约体系中协调机制的核心部分是特许权协议。赋予特许权是 PPP 模式能够有效吸引私人资本并成功运行的关键。一般情况下，特许权取得形式可被划分为协议授予和立法授予两种。而特许权协议在法律性质上则包括几个大类：一是特许经营权。此种情况下，经营权管理部门赋予项目公司使用特定公共资源，或在某一领域或地区经营特许业务的权利。特许经营权配置可以是排他性的，也可以是准入性的，但事实上均是对项目收益的保障。

二是渠道许可。包括对特定原料或技术的使用许可，以及对产品销售特定渠道的许可。如果项目公司获得必备原材料或技术，以及销售产出品均完全通过市场竞争实现，不但会遇到稀缺性的限制，也往往会面临法律的限制。尤其是当 PPP 项目的原材料及技术、产品销售渠道由公共部门垄断管理的情况下，渠道许可成为对特许经营权必不可少的补充，甚至成为特许经营权实现价值的前提。三是经济性优惠政策。通常采取税收优惠、公共事业收费豁免、利息保费补贴及其他财政补贴的形式，也可能附加加速折旧、资本溢价、转增资本等财务支持政策。至于特许权是否必须与 PPP 项目本身相关，还是可以扩展为在私人部门其他经营行为中给予政策补偿，一直存在争论。从现实情况来看，公共政策可以基于公共需要对与公共福利直接相关的 PPP 项目给予特许权支持，但如果特许权与 PPP 项目本身完全脱离，不但难以实现对价平等，而且打乱了公共资源支出与其所应惠及的目标受众之间的对应性。

协调机制的一个重要组成部分是程序性文本，解决的是程序性事项，一般不涉及实体权益的配置。主要有法律适用相关约定、仲裁条款、解续约程序条款、争端解决机制和再谈判条款等内容。一个争议较多的问题是，PPP 项目中的争端事项可否通过仲裁方式解决。在一般的项目融资中，仲裁因为其便捷高效的特性而被普遍运用。但 PPP 模式涉及公共部门，许多争端是围绕特许权协议而发生的。根据一般理论，政府行为中，类似 PPP 项目市场监管等行政行为只能纳入行政诉讼范畴，而政府作为公共法人所施行的民商事行为可以诉诸仲裁。另一个争议较多的问题是，PPP 项目中的税收优惠可否通过税收合同赋予。从目前国际 PPP 项目实践来看，这种处理方式尚停留在讨论阶段，绝大多数国家不认可政府与纳税人间通过签订合同的方式约定税收义务。其主要原因在于，这种方式无疑将对税收法定形成破坏，因此几乎所有的 PPP 项目中，税收优惠均通过法定形式赋予。

2.2　交易成本理论与契约治理

2.2.1　交易成本理论与契约治理的提出与发展

契约理论（contract theory）是近些年来迅速发展的经济学分支之一。Eric Brousseau 与 Jean Michel Glachant 在 *The Economics of Contracts：Theories and Application* 认为将契约理论可包括 3 个流派，分别为激励理论（incentive theory）、不完全契约理论（incomplete contract theory）和新制度交易成本理论（the new institutional transaction costs theory），而契约治理理论（contract governance theory）便是新制度交易成本理论中的重要观点 [45]。

2009 年诺贝尔经济学奖得主 O.E.Williamson 对 R.H.Coase 创立的交易成本理论进行了集成与发展，并提出不同性质的交易因其交易成本的不同而需要不同形态的契约加以规范，而不同契约形态都有其最适合的治理结构（governance structure），这个观点便是经典的契约治理理论的核心。经典契约治理理论中探讨的治理最终目的是要交易成本的最小化，Williamson 认为交易成本的来源主要有 6 个：有限理性（bounded rationality）、投机主义（opportunism）、不确定性与复杂性（uncertainty/complexity）、少数交易（occasional deals）、信息不对称（information asymmetric）、气氛（atmosphere）。这 6 个因素并不相互独立，而是相互影响和联系的 [46]。而契约治理就是利用交易成本经济化（transaction-cost-economizing）来认定、解释与减少这些因素对交易契约的伤害性，由此形成一种决定交易完整性的制度架构，这便是交易的治理结构，也是契约结构。由此，经典的契约治理理论架构形成，其解释变量为由资产专属性和交易频率构成的交易性质，而被解释变量为契约治理结构，其目的是减少交易中的不确定性，以达到交易成

本的最小化 [1]，如图 2.1 所示。

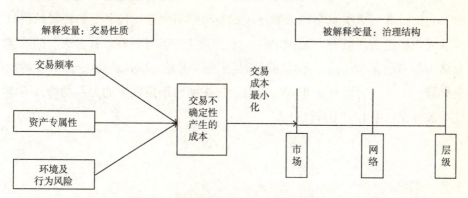

图2.1　交易成本理论解释治理结构的架构[1]

Fig. 2.1　The governance structure in transaction cost theory[1]

2.2.2　契约治理理论的内容

正式契约（formal contracts）是建立在传统交易成本理论基础上的一种强制性契约。关系契约（relational contracts）是指一种在特定环境下第三方不能强制执行，契约方基于重复博弈的未来关系价值、自我执行的非正式协议。

Williamson 认同正式契约是不完全的，出于对有限理性的考虑，他将关系契约引入交易成本理论，提出关系契约适用于解决由于专有性投资造成的签约后的机会主义行为。关系式契约依旧是在纯市场条件下探讨的一种契约形式，相对于正式契约，它具有隐性、长期、可调节的特点，可通过声誉效用机制、信任机制及违约的机会成本来实现自我履约，它并不是正式契约的替代形式，而是对正式契约的补充 [46]。

表2.6　Williamson模型中有效的交易契约与治理结构[46]

Table 2.6　The effective contract and governance structure in Williamson's smodel[46]

交易性质		资产专属性（asset specificity）		
契约/治理		非专属性（低）	混合性（中）	独特性（高）
频率	偶尔	采购标准化设备 古典契约/市场治理	采购订制品设备 新古典契约/三方治理	建筑厂房
	频繁	采购标准化零件 古典契约/市场治理	采购订制零件 关系式契约/单、双方治理	连续过程具有地域专属性的中间性产品 关系式契约/统一治理

　　然而，尽管经典的契约治理理论是在有限理性的假定基础上形成的，并且 Williamson 引入关系契约以弥补正式契约的不完全，但其交易环境始终限定在纯市场经济环境下，"经济人"的假定决定了其理论在"社会人"的现实环境中并不能完全适用。尤其在越来越主张"善治"（good governance）的社会环境下，充满计算性的正式契约与限定在纯市场条件下的关系契约并不能完全解释交易中的"不理性行为"。

2.3　交易成本–镶嵌架构相关理论

2.3.1　交易成本 – 镶嵌架构的提出与发展

　　Mark Granovetter（1985，1992）引用了 Karl Polanyi 的镶嵌（Embeddedness）概念，针对 Williamson 低度社会化的市场观点提出了反驳。他认为所有的交易都充斥着社会接触，在真实的经济生活当中，Williamson 所认为的纯市场即市场参与者之间毫无联系的市场并不存在 [47-48]。Granovetter 提出，经济行为是镶嵌在社会网络中的，在这个网络中，人的行为不是单纯依靠理性的经济法则，而是常常在动态的社会情境中互动性地产生效用。即使 Williamson 所讲的信息不对称，也是社会结构中讯息管道限制的产物。

　　由此，Granovetter 在 *Economic Action and Social Structure：The Problem of Embeddedness*（1985）一文中提出两个要旨：一是信任与制度是可以互为替代的，在经济交易中，人性面的善（good will）会使交易中许多无法或很难用制度规范的行为顺利进行，从而遏制机会主义，即"就像在其他的经济生活中一样，社会关系与纯经济交易的相互重叠扮演着关键的角色"；二是信任是经济行为发生的必要条件，合约是很难完整到可以给交易者充分的保护，如果缺少信任，那么任何交易都会因为合约的不完整而夭折，即使是拥有了巨细靡遗的规定，过高的执行成本也会使交易不容易获利[47]。

与此同时，Walter Powell 在 *Neither Market Nor Hierarchy*：*Network Forms of Organization*（1990）中对 Williamson 就治理结构的表述也予以了反击[49]。图 2.1 中网络治理属于介于市场治理和层级治理之间的中间结构，而 Powell 认为网络包含了第三种极端治理方法，即信任关系。他认为市场结构的主要治理方法是信息传播、价格机制以及合约；层级结构的主要治理方法是科层体系、命令系统以及公司规范，而网络结构的治理方法就是信任关系与协商。而在中国经济社会的发展过程中，信任与协商确实发挥过重大的作用，著名管理思想大师 Charles Handy 在 *The Empty Raincoat* 当中就曾鼓励西方国家在经济活动当中应当借鉴"中国式契约"中的"妥协艺术"，即追求诚信、互利、双赢的合作，在降低交易成本的同时结成长期的友好伙伴关系[50]。

清华大学罗家德教授循着 Granovetter 的研究轨迹进行了深入研究，将以信任和权力为代表的社会关系加入到治理结构的解释变量中去，并考虑中国现实社会环境，结合 Powell 对治理结构的论述，框定了以市场治理、层级治理、网络治理为顶点的一个内部不连续的三角治理结构区域，由此提出了一个更适用于分析中国经济活动的交易成本 – 镶嵌架构[1]，如图 2.2 所示。

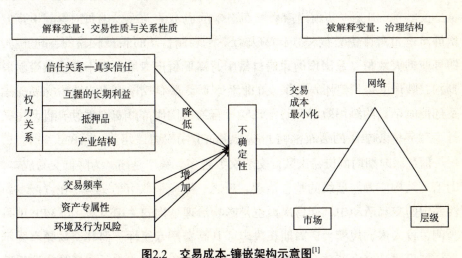

图2.2　交易成本-镶嵌架构示意图[1]

Fig. 2.2　The transaction-embeddedness framework[1]

2.3.2　交易性质与关系性质——解释变量

交易成本产生的原因归根结底是交易本身及其环境存在着各种各样的不确定性,只有将交易的不确定性降到最低,交易成本才会达到最小化。如图2.2 所示,交易成本‒镶嵌理论的解释变量为交易性质与关系性质,被解释变量为治理结构。即针对一项交易,从交易频率、资产专属性、环境及行为风险方面分析其交易性质,从信任关系与权力关系方面分析其关系性质,寻找出解释变量与交易不确定性之间的逻辑关系,分析得出不确定性降低的路径。而这些路径是构成交易治理结构的关键,能使交易成本降到最低的路径的集合就是最佳的治理结构。

2.3.2.1　交易性质

（1）资产专属性（asset specificity）

即当某一资产确定特定的用途后,转做他用所需付出代价的大小,代价越大,则资产专属性越高,反之则越低。Williamson 将其分为 3 类:①区位专属性（site specificity）,即交易因空间区位上变动而产生成本的大小,比如说供应商厂址变动引起的存货和运输成本;②实物资产专属性（physical asset specificity）,即某一实物用途变动而产生的成本的大小,比如说混凝土预制构件生产过程中需要的模板;③人力资产专属性（human-asset specificity）,即专业型人才与专业岗位做非对口搭配时需要付出成本的大小,比如说财务师难以胜任土建工程师的工作。除此之外罗家德还提出时间专属性（temporal specificity）,是指在供应链生产活动中维系流程顺畅的时效性与协调性[1]。

（2）交易频率（frequency of transaction）

即某段时期内的交易次数。交易次数越多,频率越高,为降低交易成本,则治理结构应偏向层级的整合治理,反之,则应采取市场交易。在资产专属性一定的交易活动中,交易次数也是影响治理结构的关键因素,以 PPP 项目为例,投入多、规模大、周期长决定了其高资产专属性,但其交易频率并不高,若采取政府内部整合,其整合成本要远高于交易成本,故还是应该采取偏市场治理的方法。

（3）环境及行为风险

即 Williamson 在交易成本理论中提出导致市场失灵,造成市场交易困难并产生交易成本的 6 个来源，其中有限理性（即交易者受限于本身能力及客观环境而无法预测或认知将来的情况）和投机主义（即"一种基于追求自我利益最大考量下而采取的欺骗式的战略行为"）可归为人性因素即行为风险因素，环境的不确定性和复杂性（即环境变化导致的适应不良及更多的协商谈判）、少数交易（即资源少的情况下形成的不完全竞争的市场结构）、信息不对称（即交易双方在掌握信息量有异时导致的市场失灵现象）以及气氛（即双方的交易状态是偏向信任、合作还是不信任、猜忌）可归为环境因素 [46]。

2.3.2.2　关系性质

交易成本 - 镶嵌理论整合 Granovetter 的镶嵌和交易成本理论的一个重点在于将关系性质加入到影响交易不确定性的因素当中，其中关系性质特指"特殊信任"（particularistic trust）中存在的信任关系与权力关系 [47]。"特殊信任"是相对于"一般信任"（generalized trust）定义的，后者可以来源于制度型信任（institutional-based trust）、人格特质（characteristic-based trust）和团体类属中的认同（identification-based trust），其共同特点是发生在团体或群体间的社会化信任，并没有对偶关系的存在。而"特殊信任"是设定在两两关系（dyad）中的，即两两互动的结果，其对象可以是两个人也可以是两个组织，而特殊信任又可分为以下两种关系。

（1）信任关系

即以人际关系为基础的真实信任。其产生来源有三：一是以情感为基础的信任，乌兹（Uzzi，1996；1997）称企业间交易的强连带为有信任基础的长期生意伙伴关系而产生的"镶嵌连带"（embeddedness ties），这不同于不具感情色彩、无信任基础而仅依靠合约完成交易就结束关系的"一臂之外连带"（arm-length ties）[51-52]；二是以社会交换为基础的信任，社会交换是不实时地，双方在你来我往中经历了长时间的施恩受惠，保持信任—回报—信任证实等环节，累积了对方会善意回报的经验，因此信任关系得以建立；三是互相为利的信任（encapsulated-interest account trust），不同于博弈论中的"计算型信任"（持续博弈为基础，是一种无利无信的信任），这是一种经过长时间的信任感培养，对另一方可信赖的（trustworthy）行为产生预期、珍惜信任关系而产生可信赖行为的互动性信任。

（2）权力关系

不同于善意的、具有感情色彩的真实信任，权力关系所带来的"特殊信任"是基于对方行为的可控性，而这种硬性的控制力带来的"信任"并非善意的，甚至会削弱真实信任，因此将其区别真实信任而称为权力关系。权力关系主要包括：①吓阻带来的"信任"（deterrence-based trust），权力强的一方以"报复"策略（tit-for-tat）为威胁，控制权力弱的一方为长远利益考虑而作出不背叛"信任"的行为；②计算带来的"信任"（calculative trust），双方保持"信任"的条件是机会主义行为所得利益小于"抵押品"（hostage）（包括实物资产、长期潜在利益、关系性资产、名誉性资产等），一旦条件不具备，欺诈行为便产生；③产业结构，交易双方在一定程度上的位阶高低是取决于产业环境，即交易双方的依赖度（卖方占买方供给比例）与依存度（买方占卖方销售比例）的高低。

2.3.3　契约治理结构——被解释变量

Williamson 指出不同契约形态都有其最合适的治理结构（governance structure），是"一种决定交易完整性的制度架构"（1979）[53]，亦即"交易发生时所包含的明确与隐含的契约结构"（1981）[54]。其中应包含：①契约执行的预期方法，强调在非正式法律保护下如何确保绩效的承诺；②环境改变时的适应方法，比如调整的态度，调整的方式等；③长期规划的信息分享与合作意愿，强调面对长期不确定性或突发状况的处理准则与程序，也就是包含了契约的形成、协商、监督、适应、执行与终止（Palay，1984）[55]。

在治理结构的边界上，交易成本－镶嵌架构接受 Powell 对两级治理结构的修正，在命令、制度的层级机制以及搜寻、谈价和合同的市场方法之外，另有以关系的权力运作和信任协商为主的网络方法。

实际上，市场、层级、网络治理结构在应用时会产生许多变形结构，即所有治理结构或多或少都是混合形态，如层级就有多功能科层组织、多部门科层组织、矩阵式组织，以及网络式组织。网络则有小企业网络、战略联盟、中心卫星体系、封闭式中心卫星体系以及垂直整合型财团。市场则可分为短期合约以及长期合约。然而，值得注意的是，如 Williamson 所认为，治理结构是分立的、不连续的类别变量。但每个治理结构在关系上可以从最小信任到高度的真实信任，在组织与命令上可以从军队式的严格到相互协商的分权，这些机制在使用程度上可以是连续的。图 2.4 展现了几种典型的治理结构在交易成本－镶嵌架构中的位置。

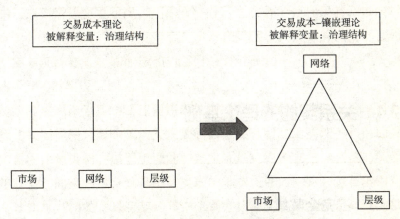

图2.3　交易成本-镶嵌架构的被解释变量演变过程[1]

Fig. 2.3　The evolution of dependent variable in transaction-embeddedness framework[1]

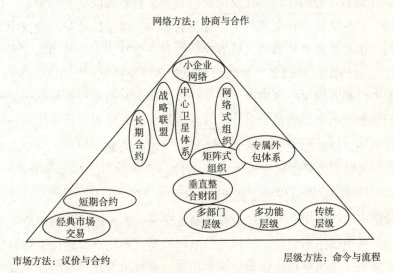

图2.4　不同治理结构在交易成本-镶嵌架构中的位置[1]

Fig. 2.4　The different governance structuresin transaction-embeddedness framework[1]

虽然交易成本－镶嵌架构还只是一个初步的概念架构，只给出了变量，还未能解释治理结构是如何决定的，但针对治理结构既定的 PPP 项目（即 PPP 模式，接近于长期合约治理结构），本书所要研究的是市场方法、层级方法、网络方法在特定的交易性质与关系性质的 PPP 项目中如何发挥各自的功能才能达到治理的最佳效果，也就是在既定的解释变量（PPP 项目的交易性质与关系性质）和被解释变量（PPP 模式）下，寻求函数的最优解。

2.4 关系契约的理论基础

2.4.1 不完全契约

在交易行为中，狭义的契约是指交易关系中双方订立的交易规则，起到约束双方交易行为的作用；广义的契约是指交易双方间的交易关系，包括正式契约、关系契约、社会契约、心理契约等等。最原始的契约理论中契约是完全的，也就是说契约当事人具有对方的完全信息，无论是当事人所制定的条款还是契约执行的结果，契约当事人都是完全已知的，不存在霸王条款；契约双方仔细考虑了全部可能发生的状况，将各种情况以条款的方式写入所制定的契约当中，并且第三方（如法院等）能够在没有成本支出的情况下强制执行契约，所以问题的关键是合理地设计激励机制。但是，现实中契约往往受到交易费用以及缔约双方的有限理性制约，通常不存在完全契约的情况，因此事前设计的机制也失去了其意义和作用。

激励理论、不完全契约理论和新制度交易成本理论是契约理论的主要组成部分。其中属于不完全契约理论的范畴的是：不完全契约理论和新制度交易成本理论。这两种理论认为完全契约是一种空想主义，原因在于现实中存在多种不确定因素、经济行为人的理性有限等原因。

任何事物的不确定性是造成契约不完全性的最主要因素，事物的不确定性表现在：第一，缔约双方无法准确地预料到未来可能发生的意外状况；第二，即使缔约双方成功预测出未来的突发情况，也未必能够用准确的语言描述；第三，假设缔约双方成功预测出未来的突发情况并且能够以准确的语言描述，但是仍然很难用合理的方式形成合理的条款写入契约中。为了解决这些问题，并更好地优化契约的设计，不完全契约理论应运而生。不完全契约理论能够解决契约条款的不完全性，以及各种不确定性事件导致的契约条款问题等。

由于交易契约的不完全性，仅仅依靠正式契约来完全约束双方的行为是不可能的，由此产生了用来弥补契约的不完全性的关系契约。

2.4.2　关系契约

2.4.2.1　关系契约的内涵

"关系契约"的概念来源于关系契约理论（relational contract theory），这个理论是由美国法学家 Macneil 提出的。关系契约理论主要是研究社会生活中人与人间交易关系的特点，并以这种交易关系为出发点来分析不同的缔约方式。该理论认为研究和理解任何交易行为，都需要理解它所处的关系中有何影响因素，因为每一种交易行为都是嵌入在众多复杂的关系之中的，在这种思路下形成了一种区别于传统观念的契约思想。Macneil 认为契约是人与人之间的交易关系，包括了交易性和关系性两个方面的特性。所谓关系性主要表现为：私人关系与社会关系的嵌入；交易的物品不能被准确地测量；契约持续时间长；开端和结尾时间不能明确；无法对交易行为进行事前精确的组织计划，只能预先界定关系的结构，可以在契约的实施过程中完善事前的计划；契约的履行过程中，各方的合作程度决定了交易是否成功；由契约参与者共同分享的收益和承担的成本很难得到严格的分配；契约中存在一种内生义务，这种义务不需要明文来规定便可使缔约双方自觉执行；契约一旦形成就很难被转让；契约的参与方往往包括多个；参与方都期望契约在履行过程中出现有利于自身的行为；参与者能够意识到只有通过参与方之间的协调合作才能解决在履约过程中出现的问题。总之，交易关系都存在一定的关系性，当这种关系性较强时，就形成了关系契约，因此，只有将交易放到关系的情境中，才能进一步理解关系契约。

关系契约是一种存在于各类组织的没有明文规定的柔性约束机制，对个人或是组织具有强烈的影响，因此也被称为非正式协议或是非正式契约。关系契约理论提出了存在长期合作的交易者可以不追求对契约中所有的细节达成一致，只是签订灵活性和适用性较强的关系契约。

2.4.2.2　关系契约的影响因素

根据契约不完全理论，契约会出现无法估量和弥补的漏洞，关系契约之所以在其中充当弥补机制是由于其产生了 3 个影响因素：①双方的未来合作价值；②关系性规则；③声誉机制。

（1）未来合作价值

契约双方可能在未来会进行合作和交易，进而产生未来合作价值，因此双方都会尽全力按正式契约的约定来执行，契约中约定的双方权利和义务能够保证双方合作关系的长期运行，但这种合作关系也可能由于残值生产成本大于未来的贴现值而被终止。关系契约的未来合作价值体现在以下两个方面。

一是契约双方合作的长期延续所提供的未来合作价值。关系契约得以执行必须有一个重要的保障性条件，那就是如果契约双方中的某一方选择终止合同，另一方有选择要求获得赔偿的权利，这使得双方互相握有控制对方行为的能力。一旦一方在合作的前期出现损害另一方利益的机会主义行为，另一方可终止合作或提出足够的赔偿。正是由于在契约中设计出一个足够高的赔偿值（高于残值生产成本），使得终止合同会给一方带来经济损失，才可以有效避免不履行契约的企业将得到的财富不大于履行契约所带来的未来贴现值。而人们总会趋向比较大的利益，因此只有当履行契约会给人们带来更多收益的时候，契约双方才能够保证按照契约的约定进行合作。

二是下一次合作产生的未来合作价值，即未来合作机会：每个行为主体都希望在这一次合作结束后有下一次合作，关系契约治理就是基于双方对下次合作的期望，使双方产生共赢的意向，而不是仅考虑己方利益最大化，损害对方的利益。未来合作价值一旦形成，便减少了双方的利益冲突，促进了合作与发展。

（2）关系性规则

所谓关系性规则，就是人们在过去长期的交易行为中逐渐形成的"潜规则"。这些"潜规则"包括柔性、信任和信息交流。柔性，就是交易时不应墨守成规，要学会根据环境的变化随时更改不合时宜的交易规则，进而运用最低的交易成本达到最高效的交易行为；信任，顾名思义就是交易双方都要抱有善意信任的态度，相信对方能做好本职工作，不会做出有损己方利益的事；信息交流，是指交易过程中，双方应积极沟通，只有在充分了解彼此后才能减少信息不对称性，进而产生信任。促使双方遵守关系性规则的驱动力在于契约的长期延续产生的未来合作价值。参与者的思想、表现会受到关系性规则的影响，因此必须提高整体的关系性，保证关系内部的和谐，尽量避免通过第三方来保证交易。研究表明，越少的关系人会带来越大的信任。关系性规则能够有效地降低契约双方的机会主义行为，从而降低不履行契约而造成的风险和损失，使契约双方能够更好地分享自身的信息，降低因信息不对称而带来的问题。

正式契约签订后，合作双方将形成有利于双方发展的关系资本，同时也为合同双方提出相关的约束，约定了权利与义务，在合作过程中也将逐步形成关系性规则。这种关系性规则有助于契约的良好运行，能够更好地补充正式契约中的不足。当出现正式契约中没有对问题的相关硬性约束时，可以运用关系性规则作为解决问题的方法和准则，从而使双方达成一致，这样能够有效抑制矛盾的发生，降低违约情况发生的可能性，保障契约能够良好运行。

（3）声誉机制

研究表明，人们在进行一次性交易的时候产生的机会主义行为会比多次交易时产生机会主义行为的概率更大，表现得更为突出和明显。"囚徒困境"很好地说明了这个问题，当人们能够获得更大的自身利益时，他们会选择实现自身利益最大化的方式，放弃集体的利益，这种行为属于机会主义行为。但是这种结果往往不是合作整体想得到的最佳结果，没有为整个合作整体带来最大利益。因此，我们必须尽量降低机会主义行为的产生，建立起声誉机制，使双方的未来合作价值提升，使得交易不止一次地进行，这样双方在进行合作的过程中，不仅要考虑此次合作的利益，还要考虑到未来的发展；不仅要考虑到此次合作双方的利益，还要考虑对方对自己的态度，这将关系到未来对自身的影响。人们可以通过一个人在合作过程中的行为对其作出判断，可以对他的行为能力、履约能力、信誉状况等方面作出评价，这些评价会影响到未来合作者与自身的合作关系以及合作状况。在这种声誉机制的制约下，能够保证契约有效的执行。声誉对一个组织的影响是巨大的。当一个组织常常为了利益最大化选择机会主义的行为方式时，其不履约行为会在行业中广泛流传，丧失了声誉，潜在合作者为了确保契约能够有效履行，将会选择不与其合作。从另一个角度来说，如果与一个声誉很好的组织进行合作，双方之间会根据契约的约定良好执行，即使双方之间发生了分歧或者问题，双方也不会放弃契约，会根据关系性规则合理地解决问题。

现代发达的网络信息技术促进了企业声誉信息的扩散，能够保证声誉机制的执行。成功的 PPP 项目合作经验可以使得政府与企业获得一定声誉，这关系到政府和企业的行业地位、信誉和声望。若政府在 PPP 项目合作中发生越权等情况，导致了项目合作的失败或私人企业利益受损，那么在下次融资时，很少会有企业愿意再次合作，政府便无法顺利融资。若企业在项目合作中利用自身的信息优势再次签订"不平等条约"，使己方获得超出正常范围的利益回报，损害了公共利益，再次寻找 PPP 合作项目时，自然会困难重重。相反，若双方此次合作成功，互利共赢，声誉便会增加。因此我们要建立声誉机制，当政府和企业选择合作对象时参考行业内的声誉排行榜，声誉靠后的企业最终会被淘汰出市场。

关系契约的三个约束条件依次影响，使双方产生互利共赢，达到行业内的良性循环：产生未来合作价值是 PPP 项目合作的基石，由项目的长期延续性所产生的未来合作价值（第一方面的未来合作价值）促进了双方使用柔性、信任、信息交流的关系性规则。双方遵守关系性规则会促进项目合作成功。成功的 PPP 项目合作经验会增加行业声誉。声誉累积到一定程度会促进己方未来合作价值（第二方面的未来合作价值）的提升。通过观察关系契约的影响因素可以发现，项目未来合作价值和声誉是良性循环的保证；一次项目合作的成功是 PPP 项目治理的目的，也是获得声誉的条件；关系性规则是关系契约的指导方法。

2.4.3　正式契约与关系契约的关系

正式契约治理是指利用项目各方成员间订立的书面契约条款来进行项目治理，正式契约治理是一种正式的承诺，它具有以下特点：一是契约在交易之前进行签订；二是在发生问题时，契约是能够被验证的；三是契约可以通过客观的方式进行验证；四是契约实施有保障机制，契约可以通过第三方来进行保障和强制执行。一份清晰的正式契约是项目各方的最有效的约束和判断标准。正式契约通常要求各签订方签订的契约要保证条款清晰，因为正式契约条款越清晰，当合作中出现问题时，这些问题会被更加高效的治理。但同时会提高契约签订双方的交易成本，包括纸墨成本，以及由于不确定性而对条款的再搜寻、再谈判成本以及计量成本。因此，在 PPP 项目治理中在依靠正式契约条款约束各方行为的同时，还要采用关系契约等方式对正式契约进行补充，使契约能够很好地履行。关系契约也有 4 个特点：一是关系嵌入性，二是时间长期性，三是自我履行性，四是条款开放性。Poppo 和 Zenger 对关系治理与正式契约相关不同观点进行的梳理，证明了关系治理与正式契约是能够互相补充、互相促进的。研究表明，在不同情况下采用不同的契约方式的交易绩效是不同的。当交易关系很复杂时，采用两种契约同时使用使产生的交易绩效将远高于只采用一种契约方式的交易绩效。原因在于使用了关系契约后直接提高了合同中条款修改和问题解决的灵活性，提高了契约运行的效率，增加关系治理的使用会使关系契约更加顺畅的履行。

综上所述，关系契约与正式契约二者之间的关系是相互补充、相互促进、相辅相成的，二者的有机结合将为契约履行带来更低的交易风险，提高解决问题的效率，促进合作双方的相互信任。另外，关系契约将解决正式契约中的不适应问题，强化正式契约的执行效果，使正式契约能够良好运行。

2.5 本章小结

本章对 PPP 项目、交易成本理论和契约治理理论、交易成本 - 镶嵌架构、关系契约进行了一般概述。归纳总结了 PPP 项目的特征、我国的相关法律法规与政策文件以及其一般情况下涉及的契约，着重论述了契约治理理论及其与交易成本理论的关系，重点介绍了交易成本 - 镶嵌架构的提出与发展、解释变量——交易性质与关系性质和被解释变量——契约治理结构的相关概念，关系契约与正式契约的相互关系，为下文对 PPP 项目契约治理结构的初步设计奠定理论基础。

第3章　PPP项目 契约治理结构的初步设计

3.1　契约治理的解释——基于交易成本-镶嵌架构

威廉姆森发展科斯的交易费用理论的同时，把交易作为组织分析的基本单位，从不同交易单位固有的特征出发，讨论交易成本约束下的契约性治理结构的最优选择，由此形成了交易成本理论的一个分支理论——契约治理理论。威廉姆森指出，不同的交易单位固有的特征决定了不同交易活动组织的成本结构，也决定了选择不同治理结构的效率水平。但基于交易成本理论的有限理性经济人假设，契约治理理论在讲究"连带关系"的中国并不十分适用。

而基于交易成本-镶嵌架构，在解释变量中加入的关系性质可以作为契约实现机制的辅助手段，因此信任与权力的博弈将成为契约设计、执行与实现的必经的权衡过程。在交易成本-镶嵌架构下分析应用契约治理理论更能有效地解释PPP项目等交易类型在中国的契约实施机制。

3.1.1　契约的重新定义及分类

"契约"源起于一种法律现象，是双方当事人基于对立合致的意思表示而成立的法律行为，为私法自治的主要表现。而后，随着新制度经济学的发展，契约一词涵盖的范围已逐渐扩大，在社会层面下分析经济交易活动也越来越具有实践意义。何怀宏在《契约伦理与社会正义》（1993）中根据约定意义不同将契约分为经济法律、宗教神学、社会政治、道德哲学 4 个范畴。而在一场契约社会下进行的交易无法避免地涉及了经济法律、社会政治、道德哲学这三个方面的权利义务关系，契约成为了成员间多维多层面关系的约束和纽带[56]。

本书在加入社会网络关系的交易成本－镶嵌架构下分析契约治理，相比于交易成本理论，交易方已由有限理性经济人转化为社会经济人，这时较为广泛的契约定义才能解释实际经济活动的契约治理现象。契约即交易方基于各自的意志达成的协议，其产生的根本原因是交易方对各自利益的追求，本质是对双方权利义务的规定和行为的约束，过程表现为要约和承诺两个意思。

在广义的契约定义下，不少学者基于不同的研究目的对契约进行分类，主要有以下几种分类方法：①根据契约的不同表现形式分为显性契约和隐性契约；②根据契约订立过程的不同分为正式契约和非正式契约；③在纯市场交易情形下将契约分为强制性契约和关系契约，从社会视角出发在正式契约之外加入关系调节机制。本书基于经济交易活动涉及的领域，按照前提假设、约束对象、约束内容、表现形式等方面的不同，可将契约分为正式契约、关系契约、心理契约和社会契约。不同的契约形式之间并不完全独立，而是互相依存的关系。

3.1.1.1　正式契约

正式契约是一种强制性契约。其特点在于表现形式为显性的明文规定，即在事前用事后法庭等第三方中介可以证实的条款详细地加以规定，从而达到避免对方出现机会主义行为的目的。广义的正式契约包括了社会、行业及企业内部的各种规章制度，也就是社会契约中的显性契约。为了便于研究，本书将正式契约交易对象限定为组织对组织的 1V1 结构，在 PPP 项目中表现为公共部门与私人企业的权利义务关系结构。正式契约是契约治理的重要载体，是交易目标实现的基本条件，Carolina Camén 等（2011，2012）认为在交易的谈判、发展和建立阶段，正式契约起着最基础的作用[9, 12]。Poppo 和 Zenger（2002）认为正式契约缩小了合作过程中的风险范围，有助于促成更多值得信任的长期合作关系，在契约制定过程中形成的原则还可以为后续合作提供参考依据，从而便于合作双方达成一致意见[57]。然而过于详尽的条文规定不仅增加了交易成本，也不利于营造双方友好合作的氛围。除此之外，限于人的有限理性，正式契约存在先天不足，它并不能完全接受、储存和处理所有信息，也不能完全预测和认知未来的环境变化，尤其对于合作周期较长的 PPP 项目，基于一次性谈判的正式契约还需要其他契约作为补充。

3.1.1.2　关系契约

关系契约是一种非正式协议（Gibbons，2005）[58]。广义的关系契约涵盖了心理契约与社会契约，但为了便于区分 PPP 项目的内部关系与外部环境，本书将关系契约的交易对象限定为组织对组织的 1V1 结构，这与正式契约的限制相同，但相比于静态、离散的正式契约，关系契约则是具有关系嵌入性（relational embeddedness）、时间长期性（extended duration）、自我履约性（self-enforcing）、条款开放性（open terms）等特点的动态、连续性契约。在组织对组织的 1V1 结构中，关系契约可作为对正式契约的重要补充，通过对未来合作价值（value of future relationship）、关系性规则（relational norms）、声誉（reputation）的综合考虑，选择信任或者权力手段达到降低交易不确定性，减少交易成本，同时影响成员合作关系的目的。而对合作关系的提升不仅有助于项目本身的绩效，对于整个联盟供应链来说也具有很大的价值（Peter Davis and Peter Love，2011）[13]。针对我国的 PPP 项目，PPP 模式作为新兴的合作模式，其相关法律法规还不够健全，"中国特色契约"在订立时也倾向于将情、理、法三者综合起来考虑（Cheng L and Rosett A，1991）[59]，Wang，YQ. 和 Li，M.（2008）认为正式契约固定成本高而边际成本小，关系契约固定成本较低而边际成本较高，在法律法规与市场规则不够健全时，关系契约发挥了重大作用[60]。

3.1.1.3　心理契约

心理契约（psychological contracts）可以解释为"个人将有所奉献与组织欲望有所获取之间，以及组织将针对个人期望收获，而提供的一种配合"（Schein，1980）[61]。这是一种存在于企业与员工间的隐性契约，具有主观性、动态性、责任性、相互性的特点，约束对象为 1Vn 结构，并存在归属关系，这一点与正式契约和关系契约有所不同。心理契约的主要目的是塑造员工行为，其核心可以总结为组织针对个人期待的满足程度。Robinson 等（1994，1995，1996）在对 125 名 MBA 毕业生心理契约违背的跟踪研究中，提取了影响心理契约的两个因素：一为物质因素，包括高额报酬、绩效奖励、提升和发展等；二为情感因素，包括长期工作保障、职业发展、培训等。按照任务与报酬给付形式不同可将心理契约分为 4 种类型：交易型（具体任务＋短期报酬）、过度型（不固定任务＋短期报酬）、平衡型（非常具体任务＋长期报酬）、关系型（不具体任务＋长期报酬）。具体在一个项目中，组织通过心理契约影响员工的行为通常需要经过一个 EAR 循环，即心理契约建立（Establishing，E 阶段）、调整（Adjusting，A 阶段）和实现（Realization，R 阶段）的过程 [62, 63, 64]。Catherine L. Wang（2011）等针对 PPP 伙伴关系中的情感和持续承诺的研究发现，长期的合作伙伴关系形成了一个新的组织，因此可以理解为新的雇佣关系成立，员工对这种"转移"过程的感知将显著影响他们对新组织的认知与对新组织的承诺，而明确地感受到来自新组织的管理支持也将有效激励员工情感以及对组织的持续承诺，对于就"转移"过程持积极态度的员工，这种现象则更为明显 [65]。

3.1.1.4　社会契约

社会契约（social contract）是由 Plato/Πλάτων 首次提出的一个政治哲学概念，法国思想家 Jean-Jacques Rousseau 于 1762 年在 *Du Contrat Social* 一书中对社会契约做了完整的讨论 [66]，哲学家们将社会契约认定为"一种没有用文字写出的权利与义务，它决定了国家与其主人或公民之间关系的性质"（Peter Makin，Cary Cooper，Charles Cox，1996）[67]。而近年来，随着市场伦理研究的升温，社会契约论被引入经济学领域，研究方向趋于个人、企业对社会的责任和义务。Donaldson 和 T.&. Dunfee, T.W.（1994）在 *Toward a Unified Conception of business Ethics：Integrative Social Contracts Theory* 中首次提出了"综合社会契约论"，他们认为，在全球经济交往中存在着一种广义上的社会契约，这种社会契约以两种方式存在：一是一个社会共同体内理性成员之间广泛存在的假设的或宏观的契约；二是一个经济共同体内的行业、企业、同业工会等组织内现存的或微观的契约 [68]。本书在此理论的引导下，将社会契约作为对正式契约、关系契约、心理契约的基础性和完整性补充提出，定义社会契约为人和组织对社会的权利与义务协议，其约束对象为 1Vn 结构。根据契约表现形式可分为以法律、法规等规章制度为主的显性社会契约和以道德、伦理、社会责任、关系性规则等为主的隐性社会契约。社会契约以社会人为研究对象，对正式契约、关系契约、心理契约中经济人假设不足进行了补充。柏培文（2011）认为，个体感知社会道德责任分为 3 个层次。第一层次：行为表现为无私奉献的正向社会道德责任。第二层次：行为表现为诚实的中性责任。前两个层次构成了社会契约的基础。第三层次：行为表现为逆向选择和道德风险的负向社会道德责任。这个层次构成了正式契约、关系契约、心理契约的人性假设基础[69]。

综上，本书按照前提假设、约束对象、约束内容、表现形式的不同将契约类型分为正式契约、关系契约、心理契约和社会契约，其中社会契约以社会人为前提假设，这是交易成本－镶嵌架构下对以有限理性经济人为假设的经典契约治理理论中契约体系的重要补充。在约束对象上，按照人（这里主要指交易内部的组织成员，社会公众归为社会元素）、组织（交易的参与者）、社会（包括行业、其他组织、社会公众等）三个元素两两排列组合区分，可归纳为几种不同的契约种类和表现形式，其中组织与组织间的契约为本书的重点研究内容，如表 3.1 所示。

表3.1   不同对象间的契约种类与表现形式区分

Table 3.1   The varies kinds and forms on contract between different objects

甲＼乙	个人	组织	社会
个人	隐性社会契约：表现为社会人际关系网络	心理契约：表现为员工满意度	隐性社会契约：表现为个人对社会的道德责任
组织	显性社会契约：表现为组织内部制度规章 隐性社会契约：表现为组织对员工的承诺和保证	正式契约：表现为经济性合同 关系契约：表现为组织间的权力关系 隐性社会契约：表现为组织间的信任关系	隐性社会契约：表现为组织对消费者、公众、政府、行业等社会元素的道德责任
社会	显性社会契约：表现为法律法规等强制性规章制度 隐性社会契约：表现为社会道德伦理柔软性约束	显性社会契约：表现为国家和行业规章制度 隐性社会契约：表现为企业声誉	

甲：指甲方（first play），提出契约目标的一方，即契约的主导方。

乙：指乙方（second play），接受契约目标的一方，即契约的实现方。

3.1.2　信任与权力的定义与关系

本书针对国内的 PPP 项目契约体系做研究，除以特许经营协议为主的正式契约外，在交易成本－镶嵌架构下，公共部门与私人部门之间的关系将作为重点研究对象，契约形式表现为以组织间权力关系为主的关系契约和以组织间真实信任为主的社会契约。因此，有必要解释交易成本－镶嵌架构下决定 PPP 项目契约体系构成的信任与权力关系。

3.1.2.1　信任与权力的概念

（1）信任的概念

近年来，信任作为项目管理中关键的软因素得到管理者和研究学者越来越多的重视，与质量、工期和成本等硬因素不同，信任的产生机制和评价指标都很难采用纯粹的定量数据进行分析。许多学者在信任的定义上加上诸多限制，以期可以达到对信任既定性又定量的研究目的，因此关于信任的定义难以取得一致性。Schurr 和 Ozanne（1985）认为信任是一种对承诺的信仰，一方认为对方的承诺是可靠的，并且认为对方将完成其在交易中的承诺[70]。McAllister（1985）将信任按照过程区分为基于认知的信任和基于情感的信任。基于认知的信任会让我们在某种特定的情况下以某种程度去信任对方，而基于情感的信任会随着关系的建立和发展与日俱增或俱减[71]。Søren Jagd（2010）在 Mayer 等（1995）的基础上提出信任就是对受托人特定行为的一种期许，而这种期许不依靠对受托人能力的监测和控制[72]，这与 Sako（1992）提出的意愿型信任（goodwill trust）颇为相似，Sako（1992）认为除此之外还有契约型信任（contractual trust）和能力型信任（competence trust）[73]。

本书采用 Sako（1992）对信任的分类定义，意愿型信任为我们探究的重点。意愿型信任是指双方基于共同的信仰、彼此的认同等因素发出的善意的信任。罗家德（2007）也将这种信任认为是真实信任[1]。契约型信任是指依靠契约协议而达成的共识信任，这种基于对制度、约定的信任实质上是对契约的信任而不是来自善意的主动信任。能力型信任是指基于对交易伙伴资质、经济实力、技术水平和人才储备等方面的认可而产生的信任。契约型信任和能力型信任不属于善意信任范畴，但其是否得到相应的回应是影响意愿型信任的重要因素，会影响交易双方在选择信任或是权力时的走向。

（2）权力的概念

在社会科学研究中，权力的概念主要出现在法学和经济学研究方面，权力在经济学中的表现形式就是"产权"或"资本"。权力的概念来源于社会契约理论，它与社会资本密切相关，社会资本是社会所有资源的总和，而权力的本质就是可以利用这些资源的资格。

张屹山和金成晓（2004）在签订契约时，各方权力的对等状态只是一种非常态，非对等性才是一种常态 [74]。如果将这种经济学理论运用到 PPP 项目管理中，业主和承包商所处地位不同，拥有资源的数量、性质也不尽相同，所以在既定的情况下，一定会出现权力不对等的常态局面，而权力对等只是暂时的非常态局面。例如业主与承包商在签订承发包合同时，业主拥有对项目整体的规划、设计等方面的解释权利，而这种权利在签订契约或之后的冲突协商中就会转化成一种权力，业主可以自由选择使用资源达到保护自身利益或是制约对方获得利益的目的。同时承包商在此时也拥有对项目的施工质量、工期和成本的部分控制权利和义务，而这部分也会在特定情况下转变成一种可运用的权力以达到特定的目的。

目前，PPP 项目中，相关参与方为了保证自身利益实现最大化，整合所有资源，在契约的制定、执行和监控方面进行权力博弈，极力制约对方权力的运用，这样不仅会遏制共同利益的顺利实现，更会产生相互质疑和缺乏信任的负面氛围，不利于交易伙伴关系的形成和发展。

3.1.2.2　信任与权力的相互关系

信任与权力都是降低风险的手段，但出发点和产生的结果差异巨大。信任是在"善治"（good governance）精神的指导下，自发地善意地去相信交易伙伴会做出符合自己期待的行为；而运用权力是在不相信对方的情况下，采用吓阻或威慑的方法，强迫对方做出自己要求的行为。信任鼓励友好、合作的交易伙伴关系的形成，并且可以促进关系的长期保持；而权力本身就会遏制信任的产生，同时风险和不确定性可降到最低，在风险的防范效果方面要强于信任，除此之外也会加强契约型信任和能力型信任关系的建立，但合作关系较为紧张，长期的伙伴或者联盟关系不易形成。但信任与权力并不是水火不相容的，它们既存在相互替代的关系，也有相互辅助的关系。

（1）相互替代的关系

这里说的替代关系是部分替代而非完全替代，关系的建立和发展不可能单一地依靠信任或者权力。如果将信任与权力比作绳子的两端，那么在选择风险防御的方法时，应当取绳子中的某一点而非端点，并且要根据实际情况灵活地选择与调整，如图 3.1 所示。这里可将信任与权力的选择看作零和博弈，信任的增加会减少一些不必要的制约条款，权力运用程度自然也得到降低；反之，权力是层级治理的主要措施，权力的使用本身就是建立在不信任的基础之上，结果自然会对信任程度起到削弱作用。

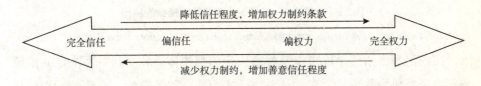

图3.1　信任与权力相互替代关系

Fig. 3.1　The relation between trust and power

（2）相互辅助的关系

在 PPP 项目的契约治理中，合理地运用信任与权力，在降低不确定性方面，可以起到相辅相成的加强效果。在契约治理偏向于层级治理时，增加信任，不仅可以改善业主与承包商之间契约关系的合作氛围，同时硬性条款的减少还可以降低交易成本，提高合作绩效，为以后的长期合作关系奠定良好基础。在契约治理偏向于市场治理时，增加权力制约，也可以充分降低合作的不确定性，减少机会主义行为发生的概率，进而增加相关参与方对契约理解的一致性，便于达成共识。

3.1.3　契约治理概念模型的构建

在交易成本 - 镶嵌架构下，通过对交易过程中涉及的契约进行定义与分类，对以交易双方间真实信任与权力为代表的交易关系进行解析，可构建出项目契约治理的基本概念模型，如图 3.2 所示。

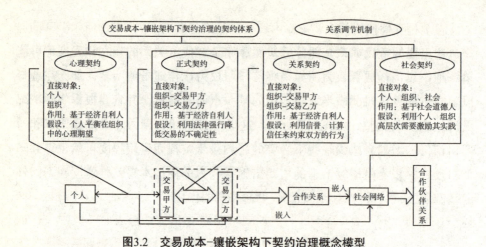

图3.2 **交易成本-镶嵌架构下契约治理概念模型**

Fig. 3.2 The concept model of contract governance under the transaction-embeddedness framework

契约治理中治理手段由交易性质决定的契约体系和交易关系决定的信任与权力选择机制构成。而契约体系由正式契约、关系契约、心理契约和社会契约构成。信任与权力的选择机制由交易双方实际的交易关系决定。在交易过程中，正式契约是交易双方建立合作关系的基础，尤其是在没有最初信任，或是最初信任及其微小的情形下，其主要目的是减少不确定性，降低风险，这是由第三方对机会主义行为的强制制裁提供的保证。而关系契约的保证则来源于重复博弈中双方的权力计算，在充分评估双方互握的长期利益、抵押品价值和交易地位后做出的计算性信任、权力威胁等决策。与运用权力关系的关系契约不同，隐性社会契约将个人与经济交易活动嵌入到社会关系网络中，采用交易关系中较为善意的真实信任为手段，善意激励对方的可信赖行为，这有助于提升合作关系的绩效，甚至形成有价值的伙伴关系。除此之外，项目决策归根结底的执行者——人，与组织之间构建的心理契约和显性社会契约也会通过个人行为来影响契约治理的绩效。

Albertus Laan 等认为，当风险出现时，项目参与方应对风险的态度是合作还是推卸，初始状态和关系进展状态在项目合作关系发展中的角色分担机制是衡量契约治理目标实现程度的重要指标[10]。可见关系网络的建立是契约治理的核心之一，这既是由各种契约建立起来的一种责任和义务关系，又是宝贵的社会资本，可以综合运用和投入到契约治理的每一个环节，保证治理结构的良性运行和治理目标的顺利实现。关系网络在契约治理目标的实现过程中起着润滑剂的作用，因此，信任与权力的选择机制成为了交易过程中关系治理的重要手段。在 PPP 项目的契约治理过程中，契约双方在各个阶段都需要作出决策，决策可以往信任与权力两个方向走，如何选择正确合理的方向是关键环节。

3.2　PPP项目的性质分析

通过对导致交易成本产生的人性与环境因素的分析，在交易成本 - 镶嵌架构下，可将 PPP 项目交易成本的影响因素总结为两个方面：交易性质与关系性质。这也是契约治理过程中主要的治理要素和控制变量。

3.2.1　PPP 项目的交易性质

3.2.1.1　交易频率

PPP 项目本身具有较高的资产专属性，虽然政府有需要去整合该项资源于组织之内，但是由于其交易频率较低，以致整合成本过高，将会直接导致投资成本无法收回，因此治理结构偏向市场交易。

3.2.1.2　资产专属性

PPP 项目可移转给他人并转做其他用途而不损及生产价值的程度很低，因此拥有高资产专属性。政府由该项投资带来的利益很难从其他的交易关系中复制而得，但在决定合作企业时，政府可以为避免投机行为所造成的损失，寻求降低资产专属性的因应措施。同样地，私人企业也可以为得到交易而增加该 PPP 项目对于企业的高专属性。

3.2.1.3　环境及行为风险

PPP 项目基于人性的行为风险因素有：人的有限理性，交易双方的投机行为。而在交易环境因素上主要有：国家政策和产业环境的不确定性与复杂性；可选择的交易对象较少，及属于少数交易；政府与企业的信息不对称；由于权力位阶较为明显，因此双方对对方的信任度不高。

3.2.2　PPP 项目的关系性质

项目参与方在契约治理过程中，针对各种问题都可以有信任与权力两个方向的选择。选择信任，即选择倾向于信任对方的主动合作态度，制定决策时会考虑双方共同的利益，有利于双方合作关系的构建和发展，但自身利益会有被损害的风险。选择权力，即选择倾向于运用各种条件制约对方，出于保全自身的利益，强迫对方作出决策，因此双方合作关系会较为紧张。在目前的多数 PPP 项目中，项目参与方（尤其是业主与承包商）之间的合作关系多建立在双方对权力的交替运用上，彼此相互制约，相互怀疑防备而缺乏信任，这样的负面关系不仅会直接对项目的质量、工期和成本造成不利影响，而且从可持续发展的角度分析，也不利于各参与方之间形成长期稳定的合作关系，更会对项目的建设和建筑市场的发展产生阻碍作用。

3.3　PPP项目治理结构初步设计

3.3.1　治理结构中的契约体系

基于在交易成本–镶嵌架构下对 PPP 项目交易性质与关系性质的分析，可以由此确定其治理结构应为"长期契约"。如图 2.4 所示，长期契约处于市场治理与网络治理之间的位置，这就要求交易双方要在治理中处理好信任与权力的平衡，及其对契约的影响。信任鼓励友好、合作的交易伙伴关系的形成，并且可以促进关系的长期保持；而权力则会遏制信任的产生，可以将风险的不确定性降到最低，在风险的防范效果方面要强于信任，权力也会加强

契约型信任和能力型信任关系的建立，但合作关系较为紧张，不易形成长期
的伙伴或者联盟关系。下面基于 PPP 项目交易性质与关系性质，可以分析得
出 PPP 项目的契约体系中的契约解释。

3.3.1.1　PPP 项目中的正式契约与显性社会契约

PPP 项目中的正式契约（formal contract）和显性社会契约（explicit social
contract）都是基于经济人假设的标准契约结构，并且都需要严格意义上的明
文规定，在 PPP 项目中正式契约包括了核心的特许经营合约、特殊目的公司
的章程和股东协议，以及辅助的担保合同、保险合同、工程承发包合同等，
与正式契约不同的是社会契约以社会人为研究对象，强调个人对社会的责任，
包括伦理和经济两个层面，因此治理结果的评测也要分别从主观和客观两个
角度出发，且与社会资本有着密切的联系。这三种契约形式的共同特点是可
以建立起统一的组织认知，将项目的相关参与方和利益相关者的追求方向趋
于一致，这样便可以更高效地发挥项目管理的作用。

Carolina Camén 等（2011，2012）认为在交易的谈判、发展和建立阶段，
正式契约起着最基础的作用 [9, 12]。在 PPP 项目进程中，正式契约是项目最重
要的载体，是基本微观目的实现的前提条件，也是宏观目标实现的必要条件。
在针对产业和社会这两个范围不同的环境时，也应分别采用关系契约和社会
契约来处理项目不同层次的周边关系。产业与社会间无法建立特殊的，微观
的治理结构，同时两者之间关系又千丝万缕，这时最佳的契约结构应以社会
契约和关系契约为主。

3.3.1.2　PPP 项目中的关系契约

PPP 项目中的关系契约（relational contract）是在结果不可预测或预测成
本太高的情况下对正式契约的补充，其表现形式主要为信息共享平台的建立，
声誉评价机制和关系性规则的制定，公共部门与私人部门的未来合作价值估
算机制。关系契约的建立也是以经济人为前提假设，其依靠的信任与合作都
是基于理性的计算得来的，属于计算型信任，也是权力的一种表现方式。

3.3.1.3　PPP 项目中的隐性社会契约

PPP 项目中的隐性社会契约（recessive social contract）是唯一一个基于
社会人假设而设立的契约，在契约实现过程中，真实信任扮演着重要的角色，
需要涉及公共与私人部门的社会认知和社会责任。Peter Davis 和 Peter Love

（2011）认为信任和承诺是在联盟契约中应该始终保持的重要因素，其对共同学习和问题的解决都有极大影响[13]。Yvon Pesqueux（2012）认为社会契约是将人的自然状态（以欲望和倾向为标志的物理冲动）转化为文明状态（呼吁人的理性为先）[15]。

3.3.1.4　PPP 项目中的心理契约

PPP 项目中的心理契约（psychological contract）虽然以经济人为假设前提，但心理契约并没有严格的形式规定，是一种心理层面上的约定，可将组织层面的认知与个人认知联系在一起。契约双方为个人与公共部门，个人与私人部门，以及个人与 SPV，因此心理契约的治理路径与其所处环境息息相关，也弥补了标准契约的不足。心理契约的建立将原本分散的力量结合在一起，使组织形成向心力，并由个体支撑，形成个体—组织—社会环环相扣，层层递进的统一关系，在契约治理的实现过程中起着铰链的作用。

表3.2　PPP项目的契约体系

Table 3.2　The contract system in PPP project

契约形式	A.事前 （伙伴选择）	B.事中 （定价与权力配置）	C.事后 （激励与监督）
正式契约+ 显性社会契约（FC）	AF.1咨询委托代理合同 AF.2草签的特许权协议 AF.3相关法律法规与规章制度 AF.4政策与前置审批文件 AF.5部门内部的管理制度	BF.1融资合同体系 BF.1.1SPV章程与股东协议 BF.1.2融资协议 BF.1.3债权人协议 BF.1.4担保协议 BF.1.5保险合同 BF.2特许权协议 BF.3SPV的内部管理制度	CF.1项目建设承发包合同 CF.2项目运营承发包合同 CF.3基础投入品供应合同 CF.4项目产出品销售合同 CF.5咨询委托代理合同
关系契约（RC）	AR.1信息共享平台 AR.2声誉评价机制 AR.3关系性规则	BR.1惯例与认知的统一 BR.2抵押品价值评价机制 BR.3争端解决中谈判协商机制	CR.1信用记录机制 CR.2计算型激励与惩罚机制 CR.3未来合作价值评价机制

契约形式	A.事前 （伙伴选择）	B.事中 （定价与权力配置）	C.事后 （激励与监督）
隐性社会契约（SC）	AS.1社会责任履行记录 AS.2历史合作记录 AS.3互相为利的合作氛围	BS.1合作的最小信任 BS.2权力高者的"额外服务" BS.3争端解决中的互动机制	CS.1善意激励与监督机制 CS.2经济技术与政策支援 C.3项目社会效益评价
心理契约（PC）	AP.1员工对部门的归属感 AP.1员工对项目的认同感	BP.1SPV中员工的"转移"感知 BP.2员工对伙伴关系的认知	CP.1员工期望的满足程度 CP.1员工参与项目自主权

3.3.2　治理结构中的关系调节

3.3.2.1　信任在 PPP 项目中的作用方法

如前文对信任的定义与分类，意愿型、能力型、契约型信任在 PPP 项目中对交易双方的关系有促进作用，影响力的大小顺序为意愿型＞能力型＞契约型。信任在交易过程的各个阶段均会发生作用，其载体为契约的制定、执行和实现过程中的各个决策。

在 PPP 项目开展前期，双方决定进行合作时，信任主要为意愿型信任，这也是双方产生交易的最小信任，这可能受到双方合作经历、社会网络关系的影响。在双方签订合约时，信任中又加入了基于对方的声誉（包括行业声誉和社会声誉）、能力（包括专业能力、管理能力、融资能力等）、依赖程度（包括地理区位、人力、技术等）的能力型信任。在签订合约后的交易互动过程中，契约型信任开始扮演十分重要的角色，认为对方会遵守契约并得到满意的回应后，这种信任程度便会加强，并进而促进意愿型信任的产生。

3.3.2.2　权力在 PPP 项目中的作用方法

权力在 PPP 项目中的作用主要表现为双方博弈过程中的计算与吓阻性行为，无论是计算或吓阻均是以降低不确定为目标，但与此同时也会对友好的合作关系产生伤害而增加风险，因此在决策过程中需要做好二者的平衡。

公共部门在 PPP 模式下具有两个职能与角色，一方面是合同一方当事人，一方面要为项目的运作提供稳定的政治和法律环境。由于公共部门掌握着可以调动的权力资源，在出现冲突情况下，政府可能会利用公权力，让社会资本放弃对利润的追逐，优先满足公共服务的需要。相比较而言，私人投资者的权力位阶相对较低，没有高等级的法律保护，更加大了其投资的风险，尽管在签订合约后拥有了基于高资产专属性的保护，即加大了公共部门对其的依赖性，但出于对合作的长期性考虑，私人企业只能利用计算行为进行自我保护。因此，因重点关注公共部门的权力使用。

3.3.3 治理结构的作用机理

与其他项目治理方法不同，交易成本－镶嵌架构基于科学合理地规定项目参与方与利益相关者的权、责、利关系，构建一系列显性与隐性、正式与非正式相结合的契约体系，从而在项目进行过程中建立、维护一种良好的交易秩序，进而在宏观方面可营造一种良性循环的体制环境，微观方面可有效地协调利益相关者之间的关系并化解利益冲突保证项目的成功。这与 PPP 项目追求的两层次目标高度贴合，即将社会资本引入基础设施建设的综合长期合作的高层次目标，和针对特定项目提高公共服务水平的低层次目标。

图 3.3 展示了契约治理结构在 PPP 项目中的作用机理。具体地，就本质为一系列契约联结的 PPP 项目而言，追求合作剩余（即合作产生的利益与单独行动产生的利益之和的差值）的最大化和交易成本的最小化是公私合作的基本经济规则，契约治理将平衡公共部门、私人部门和项目经理之间的权利与义务，为所有的利益主体有效地创造项目价值：关注投资人的利益，关注承包商、供应商等参与方利益要求的实现情况，与此同时重点协调社会公共利益冲突。除此之外，关系规则也是影响公私合作绩效的关键因素，其作用路径是通过合作环境和氛围来增加或降低不确定性，效果可有经济层面的交易成本变化和社会层面的关系变化。

当明确了契约治理目标为交易成本的降低和公私关系的改进后，治理什么，怎样治理也就成为研究的重点。在交易成本－镶嵌架构下，交易成本的6 个来源因素经归纳整理后可总结为两个方面的 5 个控制因素，每个控制因素与不确定性有着直接相关联系，进而间接影响交易成本，其中信任与权力因素还将影响公私合作关系，由此可确定契约治理的要素。结合 PPP 项目交易的不同阶段，对不同的治理要素需采用相应的治理方法，属于交易性质和关系性质的要素将分别采用以契约体系为主和以信任与权力选择机制为主的治理手段。

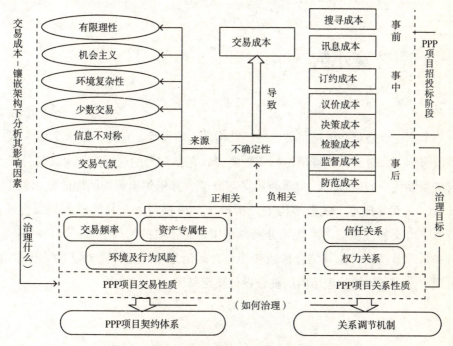

图3.3　契约治理结构在PPP项目中的作用机理

Fig. 3.3　The mechanism of contract governance structure in PPP project

由图 3.3 可以看出，契约治理结构必须结合治理要素（即图中 6 个影响不确定性的因素和由此构成的交易性质与关系性质）、治理过程（即图中事前、事中、事后）、治理手段（即 PPP 项目契约体系与关系调节机制）这三个维度系统地发挥作用，在下一章将对这三个维度分别进行分析，并整合形成契约治理的三维治理结构。

3.4　本章小结

本章主要是对 PPP 项目契约治理结构的初步设计。首先，基于交易成本－镶嵌架构完成对契约治理理论的重新解释，包括对契约进行重新定义与分类，对关系性质中的信任与权力重新定义与分类，并构建出契约治理的概念模型；其次，在交易成本－镶嵌架构下分析得出 PPP 项目的交易性质与关系性质；最后，由交易性质与关系性质分别推出了两个重要的治理手段，即契约体系与关系调节机制，由其结合形成初步设计的治理结构，并简要概述了其作用机理，为下章契约治理结构的整合设计奠定基础。

第4章　PPP项目 契约治理结构的整合设计

4.1　PPP项目契约治理的过程维度设计

4.1.1　PPP 项目交易流程

本书在参考部分文献的基础上将 PPP 项目分为 5 个阶段，包括项目的立项与可行性研究阶段；项目招投标阶段；项目建设阶段；项目运营阶段；项目移交阶段。每个项目阶段中，公共部门与私人企业相互协调，共同决策并承担不同的具体的管理任务。需要说明的是，上述各个阶段不是在所有的 PPP 模式中都存在，这里只讨论 PPP 模式的一般运作流程（见图 4.1PPP 模式的一般运作流程）。

4.1.1.1　立项与可行性研究阶段

政府部门提出基础设施项目，并对项目的规划、设计、建设与运营进行全程把控。PPP 项目在立项过程中首先要对项目采取的 PPP 模式进行可行性分析，现阶段国外普遍采用的决策工具为 VFM（value-for-money，可译为"资金价值"或"物有所值"），通过对项目引入社会资本后的盈利、社会资本的项目实施能力以及承受风险的能力进行预测，综合判断项目采用 PPP 模式是否优于传统建设模式。在 PPP 模式的可行性分析通过后可进入项目的可行性研究阶段，这个阶段需要分析项目的社会需求、技术、管理、成本收益等方面的内容。若要引入民间资本，采用 PPP 模式，还要对采用这一模式的可行性进行分析，包括民间资本进入后的盈利预测、民间资本的项目实施能力和承受风险能力等诸方面。

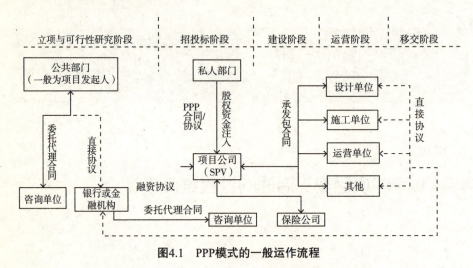

图4.1　PPP模式的一般运作流程

Fig. 4.1　The general operation process of PPP mode

4.1.1.2　项目招投标阶段

项目通过可行性分析后即进入决定 PPP 项目运作成功与否的一个重要环节——选择适合的私人合作伙伴。公共部门可根据项目的特殊性选择在相应领域内拥有雄厚的实力、丰富的项目经验以及积极的投资意愿的私人机构，并与之签订特许经营权协议，成立项目公司。在此期间合作双方应特别注意确定好双方的合作关系以及各自的权利与义务，尤其是制定出合理的风险分担机制。

4.1.1.3　项目建设阶段

新成立的项目公司将作为项目的建设单位具体负责统筹管理项目的建设与运营。项目的各参与方在项目公司的组织下按照特许经营协议或公司章程投入资金，之后由项目公司开始组织工程的设计与施工，并执行监督以确保工程完工的时间与质量。与传统建设模式类似，项目的设计与施工可由项目公司自己开展，亦可对外发包。

4.1.1.4　项目运营阶段

项目工程建设完毕后，通过相关机构验收投入运营。项目运营的成功与否与人才的专业性、运作经验丰富性有着密切的关系。项目公司可选择自行运营、公共部门运营或私人部门运营，也可以交由专门的企业负责。若项目运营方为非政府部门，政府应重点考察运营方的项目经验、业务记录，评估其运营的专业能力与规范性。在此期间，公共部门的职责主要为监督，包括迅速掌握项目的成本收益信息、确保项目规范运作，以维护项目的公共福利性。

4.1.1.5　项目移交阶段

公私合作双方根据特许经营协议的规定，在特许运营年限到期后，进行项目的移交。项目移交阶段会涉及项目资产的评估、项目公司债务与剩余利润的分配、项目的折旧与维护基金等。公私双方在项目初期对后期事务的约定越明确，越细致，越全面，对移交的顺利进行越有利，可以减少纠纷，防范矛盾。在实际实施中，项目的移交时间可能不完全符合合同的约定，双方在协商谈判后决定公共部门提前收回项目或延期收回项目，双方可根据项目的资产质量与状态的完好程度评估项目的剩余价值，并在此基础上以相关的协议规定为原则确定项目的回购价款。

4.1.2　交易成本理论中基于流程的成本分类

Williamson（1985）在《资本主义的经济体制》（*The Economic Institution of Capitalism*）一书中提到，交易成本的内涵源起于契约的不完全，并依照交易发生即契约签订的前后分类成本 [46]。其中事前的交易成本包括签约、谈判、保障契约的成本；事后的交易成本则包括适应不良的成本（指签约双方因时间之经过渐渐对契约不能适应所导致的成本）、讨价还价的成本（指用以调整事后适应不良所需支付的谈判成本）、建构及运营成本（为解决双方的纠纷与争执而必须设置的相关成本）与约束成本（为取信于对方所需之成本）。交易成本理论将一笔交易分成交易前、交易中和交易后，完整且贴切地探讨不确定性所产生的交易成本问题。其中包括交易前的搜寻与信息成本、交易中的议价与决策成本和交易后的监督防范成本与检验及执行成本。

4.1.3　构建 PPP 项目契约治理的过程维度

治理过程维度界定了 PPP 项目契约治理组织完成契约治理工作所必须经历的主要工作流程。这些过程是整个项目契约治理工作的基础，帮助组织清晰地界定各阶段的过程管理内容，为 PPP 项目契约治理结构的建立和按阶段实施治理提供依据。在交易成本－镶嵌架构下，本书将契约治理的过程维度分为事前的伙伴选择阶段、事中的定价与权力配置阶段和事后的激励与监督阶段。

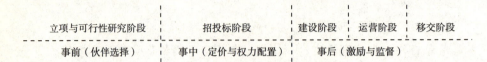

图4.2 PPP项目契约治理的过程维度

Fig. 4.2　The process dimension in the PPP project contract governance

4.2　PPP项目契约治理的要素维度设计

4.2.1　PPP 项目中的人性因素

4.2.1.1　有限理性

首先从项目建设过程中涉及的技术知识来说，我们还无法完全掌握建筑的结构、材料、环境等领域的规律，因此项目的风险不可能被完全估计到。其次从管理方面，尤其是在生产资源配置、风险分担和利益共享上，公私双方受限于自身和客观环境，导致没有足够的能力可以毫无争议地解决，所以需要协商、谈判，因而发生成本。

4.2.1.2　机会主义

在 PPP 项目中的机会主义现象也是非常普遍的，因为公私双方都是从自身的角度出发期望获得足够多的利益，这既是人类的本性，也是交易的动力源泉。但是当他们进行利益获取的同时，也许会触犯对方的利益，此时即使是有法律、道德、规则的约束，也无法打消他们进行欺骗的企图，因此，公私双方都必须增加谈判与监督的成本。

4.2.2　PPP 项目中的环境因素

4.2.2.1　环境的不确定性与复杂性

PPP 模式作为新兴的合作模式，其交易环境充满着不可预期的变化，这将会造成双方对未来的认知无法一致，协商与谈判的成本不可避免。除此之外，复杂的交易环境也限制了双方的理性与决策能力，契约先天不完备，这也造成了事后的适应不良成本和更多的谈判协商成本。

4.2.2.2　少数交易

当前我国还没有建立相应的监督管理机构，缺乏有效的争端解决机制。一旦发生争议，私人部门的利益保障会面临一些制约。尤其是公共部门为了社会利益的最大化，需要适时调整 PPP 项目中的价格，防止私人投资者获得暴利，这与社会资本的逐利目标相冲突，因此成为社会资本踌躇不前的重要原因，在此种情况下，可选择对象减少，极易形成不完全竞争的市场结构，这便产生事前成本。有过公私合作经验的私人部门还会凭借以往的经验和技能，增加谈判的筹码，也可以形成少数交易，从而增加事后成本。

4.2.2.3　信息不对称

一般而言，拥有较多信息者常不愿意以公平的方式来进行交易，从而增加了很多监督成本。就公共部门角度来说，由于不能完全了解竞标者拥有信息的实际情况，所以只好以平均水平来衡量，很可能出现"劣币驱逐良币"的逆向选择现象。就私人部门角度来说，由于具有较多项目建设与运营的专业信息，会有降低项目品质或增加索赔的机会，出现道德危机，导致市场失灵。

4.2.2.4　合作气氛

公私合作若处在不信任的状态中，双方在契约的制定以及后续的协商谈判中，都会耗费许多成本去防范对方的机会主义行为，并极力保全自己的利益，这将使交易过程过分形式化，条件也过分严苛。反之，若双方彼此信任、合作氛围融洽，则可以减少许多不必要的成本。

4.2.3 构建 PPP 项目契约治理的要素维度

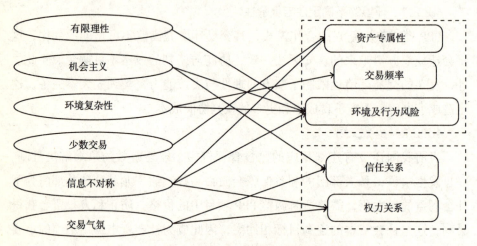

图4.3 PPP项目契约治理的要素维度

Fig. 4.3 The element dimension in the PPP project contract governance

基于交易成本－镶嵌架构将 PPP 项目契约治理的要素维度分为资产专属性、交易频率、环境及行为风险、信任关系与权力关系，通过对上述 5 个要素的治理，完成对 6 个交易成本来源要素的控制，从而降低交易的不确定性，达到交易成本与关系治理的目的。其中，降低资产专属性以降低少数交易引发的垄断风险与信息不对称引发的欺诈风险，降低交易频率以减少交易成本及环境复杂性的叠加效应，防范环境及行为风险以降低有限理性、机会主义行为和环境复杂性的负面影响，多用信任少用权力以培养友善的交易气氛，促进信息共享和遏制机会主义行为的发生。

4.3　PPP项目契约治理的运作维度设计

4.3.1　PPP 项目契约体系的作用机理

本书采用仿物理学原理，认为 PPP 项目契约治理的实现受到两个力的作用：一个来自制定、执行和实现契约时带来的主动力；另一个来自周围环境在受到契约治理各个程序的作用后对契约治理产生的反作用影响，即滚动摩擦力。这两个力的作用与契约治理实现的方向一致。主动力的施力者是契约治理的各个程序，包括契约制定、执行和实现等阶段。滚动摩擦力的施力者是契约环境，是既定存在的客观条件，契约治理程序的各个阶段都会对契约环境产生影响，同时契约环境会产生相应的变化，从而反作用于契约治理，影响契约治理的实现。

4.3.1.1　契约环境分析

契约环境是既定存在的客观条件，契约治理程序的各个阶段都会对契约环境产生影响，同时契约环境会产生相应的变化，从而反作用于契约治理，影响契约治理的实现。美国学者 W.J.Duncan 将环境分为内部环境和外部环境[75]，这种分类方法运用在契约治理中，也可将契约环境划分为内部环境和外部环境。

（1）内部契约环境

组织内部环境分为组织物理环境（工作地点的空气、光线和照明、声音（噪声和杂音）、色彩等）、组织心理环境（组织内部的精神环境）和组织文化环境（组织的制度文化和组织的精神文化）。组织行为学认为，组织内部的这三种环境因素都会影响员工的个人认知，这包括员工的心理状态、工作效率、绩效、价值观、归属感等因素。同时契约的制定、执行和实现也会影响组织的内部环境，尤其是心理环境和文化环境，并通过改变个人认知而作用于契约治理的各个阶段。

（2）外部契约环境

即契约治理所处的社会环境，包括法律环境、政治环境、经济环境和文化环境。法律是在市场经济条件下契约治理所能依托的最强大的标准，以法律为准绳也是契约治理在法治社会中必须遵守的首要原则。相应地，法律的制定与实施也会受到治理活动的影响，进而得到不断的完善。政治环境主要包括政治制度与体制、政局、政府的态度等。王永进等（2012）通过对世界银行的调查数据进行对比分析研究，证明出政治关联与企业的契约实施有着复杂联系 [76]。在契约治理过程中，政府关系、政策和偏好等信息的掌握程度也是影响契约目标实现的关键因素。经济环境包括经济制度、经济发展水平、产业结构、消费水平等多种因素，是影响契约治理的直接环境，尤其对在交易成本、项目利益及项目完工之后的运营阶段产生举足轻重的影响。文化环境即契约治理所处的社会结构、风俗习惯、价值观念、行为规范、生活方式、文化传统、人口规模与地理分布等因素的总和，是对组织认知和个人认知产生最复杂和深刻影响的环境因素。

4.3.1.2 作用机理

（1）契约的制定

制定契约时应遵守 3 个原则，即自愿、合法和权责风险合理分担。自愿即是契约各方意思表达的真实性，这也是契约生效的基本条件；合法即符合我国相关法律法条，这就要求制定者必须充分考虑当时的法律环境，使得所制定的契约可以受到法律的保护；权责风险合理分担即结合契约各方的实际情况，合理地确定权利和义务的分配和风险的分担机制。在制定契约的过程中，同时要考虑周围的环境氛围，会给契约的执行和实现带来怎样的影响，契约在实现后会给合作氛围带来怎样的影响，从而制定出最合理的契约治理结构。

（2）契约的执行

契约制定完成后，经各方审定和确认后契约生效，这时生效的契约会作为契约治理的载体，进入契约治理的执行阶段。尊重合同和诚实信用是执行契约时应遵守的原则，尊重合同即严格履行合同中规定的各项条目，充分保障契约相关各方的利益和项目的顺利展开和进行；诚实信用即尊重事实和遵守承诺，这是市场经济活动的一项基本道德准则，也是提高契约执行水平的功能原则，同时还可以在契约执行受到限制时作为补充性原则。在契约执行过程中若遇到情势变更状况，还需有一套行之有效的处理机制，以应对在不可归责于各方当事人的事件发生后，现行合同已显失公平的情况下，如何重新分配各方权利与义务和确定相应的风险承担机制。

（3）契约的实现

契约的实现作为契约治理程序的最后一个环节，起着决定治理是否有效和达标的关键作用。影响契约实现的因素主要有利益的实现、和谐的关系和高效的监管保障机制。这里所说的利益实现是契约各方整体利益的实现，包括直接利益和间接利益，这是契约实现的基本条件。整体利益与契约制定时的统一认知息息相关，只有契约其中个别方利益实现的情况是与契约精神中的公平原则背道而驰的。和谐关系在契约实现过程中起着润滑剂的作用，这既是由各种契约建立起来的一种责任和义务关系，又是宝贵的社会资本，可以综合运用和投入到契约治理的每一个环节，保证治理结构的良性运行和治理目标的顺利实现。Albertus Laan 等认为当风险出现时，项目参与方应对风险的态度是合作还是推卸，初始状态和关系进展状态在项目合作关系发展中的角色分担机制是衡量契约治理实现程度的重要指标[10]。高效的监管保障机制，既可以增加契约的可信度，有利于参与方和谐关系的建立，又是降低契约风险，保证整体利益的实现和进一步改善契约环境的一把利剑。

由此，契约体系的治理过程可确定为制定契约、执行契约、实现契约三个步骤，其实现机理可用图 4.4 表示。

4.3.2　PPP 项目关系调节机制的作用机理

4.3.2.1　决策前的信任与权力选择机制

信任与权力的选择机制贯穿于 PPP 项目契约治理的始终，无论是契约的制定、执行还是监管，在面对不确定性时都必须要在信任与权利之间作出选择，两者之间的博弈虽然近似于零和博弈，但在替代关系存在的同时，综合运用两种手段也会产生相辅相成的加强效果。正式契约、关系契约、社会契约和心理契约作为治理载体，制定契约、执行契约和实现契约作为契约治理的主动力推动目标的运转，契约环境受到影响后反作用于契约治理，形成滚动摩擦力。

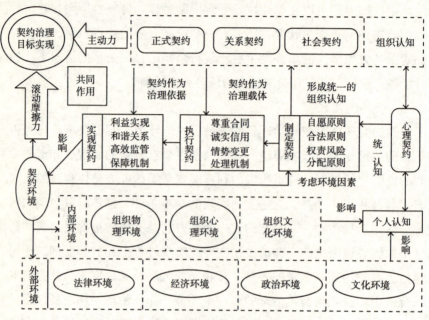

图4.4　PPP项目契约体系的作用机理

Fig. 4.4　The mechanism of contract system in PPP project

考虑到 PPP 项目的特殊性，即需形成"利益共享、风险共担、全程合作"的共同体关系，本书还在关系性质的分析基础上，提出一套合作关系调节机制，即信任与权力的调节机制，如图 4.5 所示。

在 PPP 项目的契约治理过程中，契约双方在各个阶段都需要作出决策，决策可以往信任与权力两个方向走，如何选择正确合理的方向是关键环节。乐云和蒋卫平（2010）认为信任产生的原因可以从受信方和双方两个角度去分析。从受信方角度出发，受信方的信誉、能力和言行一致性是施信方重点考核的对象；从双方合作的角度出发，施信方与受信方双方的交互性、双方的沟通和双方的合同也会对施信方的选择产生影响[22]。本书结合 PPP 项目的相关文献和实际情况，总结出信任与权力的选择应该至少考虑如下 3 个方面。

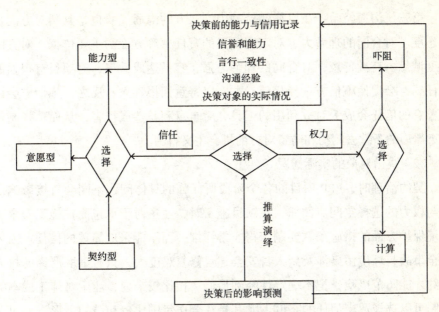

图4.5　决策前的信任与权力选择机制

Fig. 4.5　The selection mechanism between trust and power before decision

（1）决策前的能力与信用记录

交易方在决策前的能力与信用记录是信任产生的前因，它主要包括如下3个方面。

第一，信誉和能力。信誉和能力是对交易伙伴的客观评价，信誉是过去表现的记录，会直接影响对今后表现的预测；能力包括企业经济、技术和人才储备等方面。从业主的角度看，承包商的资质，项目阶段目标的完成情况等因素会影响业主的选择——采取信任或是权力制约方向的手段。从承包商的角度看，业主付款的及时性，合作态度是偏于信任还是防备也会影响承包商的选择。

第二，言行一致性。对方的行为是否可靠，承诺是否履行是预测善意的信任能否得到对方积极回应的关键。言行一致，行为的可预测性越强，行为的预测值也就越接近实际值，其机会主义行为发生的概率就越低，不确定性也就越低，风险的降低就会导致施信方愿意冒着遭受一定利益损失的风险下选择信任，反之，言行不一致就会导致施信方尽量选择权力制约，以防对方钻漏洞做出机会主义行为。

第三，沟通经验。在以往的接触中，双方的沟通经验也是判断对方的合作态度、对合同的理解力、对工程项目的责任感等方面的重要依据。对方的态度诚恳、充满善意，对合同的理解力强，容易达成共识，对项目有很强的责任感，会促使施信方选择相信对方，以善意回报善意；反之，施信方会认为善意的信任会成为对方利用的工具，对自身利益造成损害，从而选择制定详细严谨的条款去制约和防备对方的机会主义行为。

（2）决策对象的实际情况

契约治理时，PPP 项目的各个阶段所面临的具体问题不同会直接影响信任与权力的选择空间。例如，在项目施工时，业主对于承包商在施工安全与环境保护方面的措施条款要制定得非常详细，而不能采取简单的信任。因为安全事故与环境污染涉及到人身安全，且修复难度大，只有采取严谨的权力制约才能防范风险，把不确定性降到最低。相比较来说，业主对施工成本的控制可以选择适当信任的态度，尤其是在合作氛围比较和谐的情形下，对于工程进度款的发放，造价的控制可以采取宽松政策，这对培养长期的交易合作伙伴关系也有很大益处。

（3）决策后的影响预测

在作决策前，应充分考虑决策后可能产生的后果，作出预测分析，可采用决策树分析方法或者博弈论的相关方法。值得注意的是，决策产生的结果，又会成为下一个决策前的能力和信用记录，会影响以后决策的选择，这是一条连续的决策链，所以在预测时，一定要搜集足够全面的信息，使预测值与实际值的差异尽量小。例如，预测风险发生的概率虽然小，可一旦发生，则损失巨大，这时就应该尽量采取权力制约的方式。在对比信任与权力利弊时，应该分清主次，可采用层次分析法对指标的重要性进行排序。

4.3.2.2 决策后的激励与监督机制

在现实社会中，完全的信任与完全的不信任一般是不存在的，只要交易发生，就一定存在最小信任。通过建立决策后的激励与监督机制模型，以施信方的信任程度、受信方利用信任而产生机会主义行为的概率、惩罚系数和奖励系数等作为研究参数，目的就是试图使信任损失函数最小化。

（1）模型假设

①设施信方给受信方的信任程度为 α，则有 $\alpha \in [1, +\infty)$，α 表示信任程度，α 越大，信任程度越大；$\alpha = 1$，表示交易发生时所必需的信任，即最小信任。

②设 γ 表示施信方在发出信任信息后，受信方利用信任导致的信息不对称而产生的机会主义行为的概率（$0 \leqslant \gamma \leqslant 1$），根据假设①可以得到：$\gamma$ 是 α 的函数，α 越大，受信方产生机会主义行为的概率越大。$\alpha = 1$ 时，$\gamma = 0$，也就是说当信任程度处在最小信任时，受信方不会选择机会主义的策略。$\alpha = +\infty$ 时，$\gamma = 1$，当施信方授予受信方完全信任时，信息完全不对称使得受信方会选择机会主义的策略。γ 与 α 的关系可用以下函数式表示：

$$\gamma = 1 - b^{1-\alpha} \quad (b \text{为大于1的常数})$$

③设 I 表示受信方选择机会主义策略时的收入。L 表示由于受信方采取机会主义策略导致的施信方的损失，交易中如果受信方采取机会主义策略，其所得的一次性收入会比采取可信赖行为策略的所得大，但其所增加的收入要小于对受信方造成的损害，因此，导致交易整体收入的下降。

④设施信方的监督成本为 C，选择监督的概率为 P（$0 \leqslant p \leqslant 1$）。施信方的平均监督支出为 PC，在监督中发现受信方有机会主义行为就处以 Ny 的罚款，N 称为处罚系数，Ny 也是采取机会主义策略的受信方所要考虑的支出。如果在监督中受信方采取可信赖行为策略，则予以奖励 $E(1-\gamma)$，同样我们称 E 为奖励系数，N、E 共同构成激励系数。

则期望交易损失为：

$$(1-p)\gamma L = (1-p)(1-b^{1-\alpha})L$$

施信方的期望支付为：

$$EX = pC + (1-p)(1-b^{1-\alpha})L$$

当交易中受信方采取机会主义策略时，期望收入为 $(1-P)I$，相应的期望支出为：

$$pN\gamma = pN(1-b^{1-\alpha})$$

交易中受信方采取可信赖行为策略时，期望收入为：$pE(1-\gamma) = pEb^{1-\alpha}$，其机会成本为采取机会主义策略不被发现时的收入为：$(1-p)I$。

（2）模型建立

决策后的激励与监督机制就在于设计一种制度安排，使得目标函数最优。该模型的最优解即为最优信用机制。

$$\min EX = PC + （1-p）（1-b^{1-\alpha}）L \qquad (4-1)$$

$$s.t （1-p）I - pN（1-b）\leqslant 0 \qquad (4-2)$$

$$pEb^{1-\alpha} - （1-p）I \geqslant 0 \qquad (4-3)$$

目标函数式（4-1）表示为施信方的支出，式（4-2）表示交易中受信方选择利用信任获取的不正当收入不能为正，式（4-3）表示当交易中受信方选择可信赖行为策略时，其收益不能为负，即其获得的奖励不能小于通过采取机会主义策略时的机会成本。

（3）结论

①结论1：当施信方选择的监督概率 $\dfrac{LI}{LI+NC} \leqslant p \leqslant 1$ 时，最优信任程度：

$$\alpha = 1 - \log_b\left(1 - \frac{C}{L}\right)$$

证明：$EX = pC + （1-p）（1-b^{1-\alpha}）L = pC + （1-b^{1-\alpha}）L - p（1-b^{1-\alpha}）L$

对 p 求偏导，并令其值为零，得：

$$\frac{\partial EX}{\partial p} = C - \left(1 - b^{1-\alpha}\right)L = 0$$

即：

$$\alpha = 1 - \log_b\left(1 - \frac{C}{L}\right) \qquad (4-4)$$

将：

$$\alpha = 1 - \log_b\left(1 - \frac{C}{L}\right) 代入 （4-2）式，得：$$

$$V - pI - pN\frac{C}{L} \leqslant 0$$

即：

$$p \geqslant \frac{L}{L+NC}$$

结论 1 说明一旦施信方选择以一定的概率$\left(\dfrac{LI}{L+NC}\leqslant p\leqslant 1\right)$对受信方行为进行监督时，最小信任程度只与监督成本和由于受信方采取机会主义策略对交易造成的损失的比值有关，并且由于$1-\dfrac{C}{L}>0$可以得到$C<L$结论。也就是说，施信方的监督成本不能太高，如果超过了由于机会行为造成的交易损失，施信方的监督反而是得不偿失的。

②结论 2：在最优信息不对称$\alpha=1-\log_b\left(1-\dfrac{C}{L}\right)$情况下，政府应该选择的惩罚系数$F$和奖励系数$J$，分别为：$\dfrac{(1-p)LI}{pC}$和$\dfrac{(1-p)LI}{p(L-C)}$。

证明：将式（4-4）代入式（4-2），得：

$$V=pI-pN\frac{C}{L}\leqslant 0$$

即：

$$N\geqslant\frac{(1-p)LI}{pC}$$

将式（4-2）代入式（4-3），得：

$$pE\left(1-\frac{C}{L}\right)-I+pI\geqslant 0$$

即：

$$E\geqslant\frac{(1-p)LI}{p(L-C)}$$

结论 2 说明最优惩罚系数N和奖励系数E都与p、L、I、C四个系数的大小相关，其中与I（受信方机会主义行为带来的不正当收入）相关度最大。PPP 项目中由于交易对象的特殊性，一次机会主义行为往往会带来很高的收入，因此，施信方更应该加大惩罚系数，让受信方想靠善意的信任来谋求不正当收入的交易者不敢为。另外，由于奖励本身会带来支出的增大，在制定合适的奖励系数时，应该在可信赖行为获得的收入大于机会收入的前提下选择较小值。

4.3.3　构建 PPP 项目契约治理的运作维度

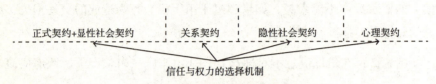

图4.6　PPP项目契约治理的运作维度

Fig. 4.6　The operation dimension in the PPP project contract governance

本书将 PPP 项目契约治理的运作维度包括 4 个方面，即正式契约与显性社会契约、关系契约、隐性社会契约、心理契约。在治理过程中，按照事前、事中、事后的顺序经历契约的制定、执行和实现，信任与权力选择机制贯穿于 PPP 项目的始终，并与契约环境相互作用，协同运作完成治理。

4.4　整合后的PPP项目契约治理三维结构

基于前三节对契约治理的过程维度、要素维度、运作维度的分析，整合可形成 PPP 项目契约治理的三维结构，如图 4.7 所示。

其中过程维被划分为事前、事中、事后。事前的工作为交易伙伴的选择，即 PPP 项目一般流程中的立项与可行性研究阶段与招投标阶段前期；事中的工作为定价与权力配置，即 PPP 项目一般流程中的招投标阶段后期；事后的工作为激励与监督，即 PPP 项目一般流程中的建设、运营与移交阶段。

其中要素维被整合为资产专属性、交易频率、环境及行为风险 3 项。原有的信任与权力关系将会由关系调节机制进行全过程治理，贯穿上述 3 项要素治理的全过程。

其中契约治理的运作维被整合为正式契约（包括正式契约和显性社会契约）、关系契约、隐性社会契约、心理契约 4 个方面，这也构成了治理的契约体系。原有的关系调节机制将结合契约体系中契约的制定、执行、实现过程中各个决策进行作用，其机制的实现依靠决策前的信任与选择和决策后的激励与监督的作用。

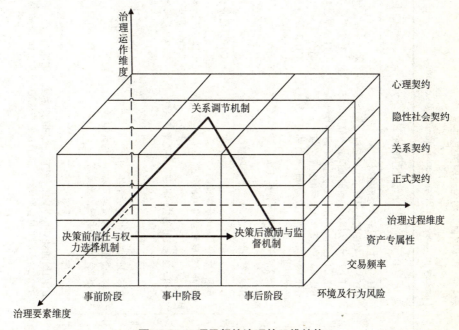

图4.7　PPP项目契约治理的三维结构

Fig. 4.7　The three-dimensional structure of PPP project contract governance

基于 PPP 项目契约治理的三维结构，可分析得出 PPP 项目契约体系在治理中的关键过程，如表 4.1 所示。

表4.1 PPP项目契约治理的关键过程

Table 4.1 The key process of PPP project contract governance

		A.事前（伙伴选择）	B.事中（定价与权力配置）	C.事后（激励与监督）
1.资产专属性（高）	FC	A1F.1咨询公司对资产专属性做详细评估 A1F.2计算特许权协议前的沉没成本 A1F.3制度取向原则为减少PPP项目投资的约束力量 A1F.4政策导向为激励 A1F.5有较严格的内部资产管理制度	B1F.1建立沉没成本分担机制 B1F.1.1有效配置沉没成本中的股权人表决权 B1F.2设置从属于股权的沉没成本的追索、清算等机制 B1F.3设置从属于债权的担保措施 B1F.4设定资产沉没后的赔偿条件和财产及信用的赔付程度 B1F.5设定资产沉没的赔付与项目自有机连接，扩大政策优惠范围 B1F.3有较严格的SPV资产管理制度	C1F.1合理制定工期以防范承包商的"敲竹杠"行为 C1F.2加强对运营单位的监督或增缩短运营周期 C1F.3保证基础投入供应品的稳定性 C1F.4保证产品销售价格和数量的合理性和市场估 C1F.5咨询公司对资产沉没成本做预算
	RC	A1R.1提升信息共享程度以提高市场竞争强度 A1R.2评价企业的"敲竹杠"行为发生的可能性 A1R.3建立关系连带以分担资产沉没风险	B1R.1形成统一的联盟惯例 B1R.2获取较高价值的抵押品以防范"敲竹杠"行为 B1R.3建立友好的协商机制，避免重新谈判	C1R.1记录企业的"敲竹杠"行为及影响程度 C1R.2基于抵押品价值的计算型责任激励和对违约的惩罚 C1R.3未来合作价价值评价指标包括沉没投资成本比例
	SC	A1S.1选择社会责任感强的企业防范道德危机 A1S.2专属性程度相当的项目有合作历史的企业优先 A1S.3培养互相为利的主动性	B1S.1增强最小信任的条件 B1S.2企业在人力资源专属性上的让步 B1S.3合作双方积极沟通交流	C1S.1对长期的可信赖行为给予奖励 C1S.2公共部门与供应链上下游间主动的辅助 C1S.3将资产专属性高加入社会效益评价体系
	PC	A1P.1培养员工对部门的普遍归属感降低人力专属性 A1P.2培养员工对项目的普遍认同感增强人力专属性	B1P.1增强SPV中员工对"转移"感知的积极性 B1P.2培养员工对合作伙伴关系的认同与从属	C1P.1提高员工满意度以增强资源的稳定性 C1P.2提高员工自主意愿以增强其积极性与从属属性

续表4.1

		A.事前（伙伴选择）	B.事中（定价与权力配置）	C.事后（激励与监督）
2.交易频率（低）	FC	A2F.1咨询公司对交易次数对成本的影响做评估 A2F.2制定较为严格的进入机制以降低交易次数 A2F.3法律法规禁止恶意竞争而增加交易次数的行为 A2F.4鼓励具有多资质的企业进入以减少项目交易次数 A2F.5增强责任制度建设	B2F.1鼓励多利益相关者的融资模式 B2F.1.1分散股东的决策与表决权 B2F.1.2多种融资手段以降低资金风险 B2F.1.3分散债权人的决策与表决权 B2F.1.4有效担保机制保证交易的持续性 B2F.1.5购买者重新交易的财产保险以降低信用风险 B2F.2制定定价较为严格的退出机制以降低交易次数 B2F.3增强SPV内部责任制度建设	C2F.1选择业绩良好的施工单位减少交易次数 C2F.2增长运营周期 C2F.3保证基础投入供应品的稳定性 C2F.4建立产品销售价格调节机制 C2F.5咨询对一次交易本做预算决算
	RC	A2R.1完善信息发布与接收减少不必要的交易活动 A2R.2选择信用记录优良的企业 A2R.3将协作高效作为关系规范	B2R.1统一惯例与规范理解减少不必要争端 B2R.2获取高价值抵押品增加对方的机会成本 B2R.3建立友好的协商机制，避免重新谈判	C2R.1选择信用记录良好的施工与运营企业 C2R.2基于抵押品价值的计算型信任激励和对违约的惩罚 C2R.3未来合作价评价指标包括交易次数
	SC	A2S.1选择社会责任感强的企业防范道德危机 A2S.2项目自有合作历史日周期内交易次数少的企业优先 A2S.3将培养互相为利的主动性	B2S.1增强最小信任的条件 B2S.2增加主动性信任，减少抵押品的使用 B2S.3合作双方积极沟通交流	C2S.1契约精神与柔性监督机制结合 C2S.2增加可操作性范围内的社会交换性辅助 C2S.3将交易次数加入社会效益评价体系
	PC	A2P.1培养员工对部门的归属感以减少人员流动 A2P.2培养员工对项目的认同感以减少人员流动	B2P.1增强SPV内员工对"转移"感知的积极性 B2P.2将培养员工对合作伙伴关系的认同与同属	C2P.1提高员工满意度以增强人力资源的稳定性 C2P.2提高员工自主权以增强其积极性与从属属性

		A.事前（伙伴选择）	B.事中（定价与权力配置）	C.事后（激励与监督）
3.环境及行为风险	FC	A3F.1 咨询公司对项目引入社会资本做可行性评估 A3F.2 确定合作意向并约束事中前的行为风险 A3F.3 制定PPP项目相关法律法规和PPP合同标准文本 A3F.4 鼓励社会资本进入并建立高效的审批机制 A3F.5 较严格的部门内部管理制度	B3F.1控制力原则与激励原则相结合配置风险 B3F.1.1基于权益分配构建SPV公司决策机制 B3F.1.2明确融资前提条件和放还款安排 B3F.1.3有效配置债权人关于追索、债务重组表决权 B3F.1.4明确风险覆盖范围和担保权益 B3F.1.5明确保险范围、受益方利赔付条件 B3F.2明确特许权实施范围、价格约束和监管方式 B3F.3较严格的SPV的内部管理制度	C3F.1SPV公司为建设单位配发股权代替部分工程款 C3F.2SPV公司为运营单位配发股权代替部分运营款 C3F.3保证能源利原材料持续有效提供 C3F.4约定销售价格和数量及其调整机制 C3F.5咨询公司进行全过程风险管理
	RC	A3R.1在保证信息安全的基础上提高其时效性和准确性 A3R.2业界口碑、客户网络与信用等级作为声誉考虑因素 A3R.3拥有关系性资本和可靠的关系性规范的企业优先	B3R.1设置应对突发事件的原则以辅助惯例作用 B3R.2获取高价值抵押品增加对方的机会成本 B3R.3建立友好的协商机制，避免重新谈判	C3R.1将非违约但妨害关系资本的行为加入信用记录 C3R.2基于投资回报的计算型信任与惩罚 C3R.3将契约精神因素加入未来合作价值的评价
	SC	A3S.1将加入企业历史项目的社会满意度加入社会责任感评价 A3S.2有合作历史且信用记录良好的企业优先 A3S.3鼓励规范的交易双方互利为相为社会交换	B3S.1增强最小信任的条件 B3S.2有限设定违约责任，相信双方以善意解决问题 B3S.3减少苛刻条款和抵押品的互持以增大该判空间	C3S.1事前信任与事后奖惩相制度结合 C3S.2无利导向的技术辅助和关系性优惠 C3S.3将交易行为的社会影响加入项目社会效益评价
	PC	A3P.1统一员工与部门目标评价指标 A3P.2统一员工与项目绩效评价指标	B3P.1引导SPV员工积极性"转移"与扩散 B3P.2增加对SPV员工PPP相关知识的培训	C3P.1提高员工满意度以降低道德风险发生概率 C3P.2将员工参与自主权与责任制度挂钩

4.5　本章小结

基于第 3 章治理结构的作用机理，本章从三个维度出发对 PPP 项目契约治理结构做整合。首先，构建出了治理的过程维度，结合了 PPP 项目的交易流程与交易成本的流程性分类；其次，构建出了治理的要素维度，结合了交易成本的解释变量与交易成本的产生因素；再次，构建出了治理的运作维度，结合了契约体系与关系调节机制，并分别分析了它们的作用机理；最后，整合三个维度形成 PPP 项目契约治理的整合结构，并给出了治理的关键过程。

第5章 关系契约下PPP项目契约治理结构的实施

5.1 PPP项目三维契约治理结构分析

PPP 项目的治理结构可以从全过程周期、全角色、全面手段治理三个维度来研究设计。全过程周期维度是指将 PPP 项目从立项到移交分为四大阶段，即前期决策阶段、招投标阶段、建设阶段及运营阶段；全角色维度是指根据萨瓦斯教授对公共项目参与者的分类来甄别出的参与主体，即政府部门、私人投资者、承包商及受众群体；全面手段治理维度是指将关系契约治理与正式契约治理结合起来对 PPP 项目治理问题进行分析和论证。PPP 项目治理的三个维度如图 5.1 所示。

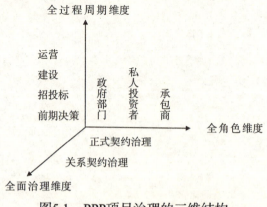

图5.1　PPP项目治理的三维结构

Fig.5.1　Three-dimensional structure of PPP franchise project

在全过程周期中的主要工作内容及各阶段的参与者如图 5.2 所示，下面以全过程周期为主线对 PPP 项目治理中的所有契约关系进行三维分析。

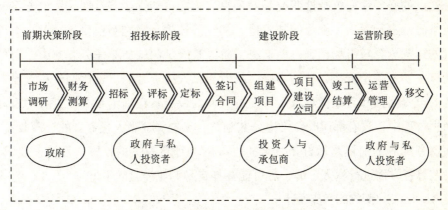

图5.2　PPP项目全过程周期及其参与者

Fig. 5.2　The whole life cycle and participants of PPP franchise project

5.1.1　前期决策阶段的契约分析

PPP 项目的前期决策和招投标是保证后期实施阶段顺利进行的基础，包括项目立项、可行性论证、市场调查、财务测算、实施方案编制和上报审批、协议拟定等过程，参与者为政府部门。此阶段政府对特许经营契约的初步设计过程如图 5.3 所示。

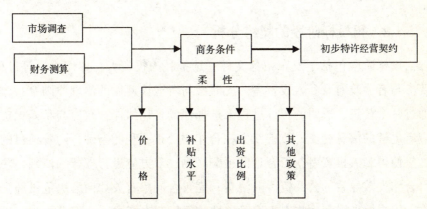

图5.3　政府对特许经营契约的初步设计

Fig. 5.3　The preliminary design of franchise contract by government

5.1.1.1 前期决策阶段的工作内容

前期决策阶段的项目立项是对拟建项目提出框架性的总体设想，论证项目建设的必要性。可行性研究是对项目实施的可能性、有效性、技术方案及技术政策进行深入、细致的技术论证和经济评价，来判断项目是否可行。项目的财务测算与市场调查是前期决策阶段政府部门的核心任务。其中，财务测算主要是关于价格、补贴水平、政府与私人投资者的出资比例、私人投资者的投资回报和其他优惠政策等商务条件的设定。在确定私人投资者的投资回报过程中，政府部门既要考虑公共利益，又要保证私人投资者的合理收益。而财务测算的前提是做好市场调查，要对与项目有关的投资、设计、技术、工艺等各方面进行深入了解，尽可能弥补自身专业经验的不足。

5.1.1.2 契约的初步设计

契约设计早在前期决策阶段就已经开始，政府部门通过对相关政策导向与特许经营法律条款的研究，结合财务测算和市场调研结果，来初步拟定特许经营协议中关于价格、补贴水平、特许经营期限等重要条款。此时，政府不仅要在民众的角度上考虑社会效益的实现，还要留给未来私人投资者获得利益的空间。但政府的专业技术经验以及对 PPP 项目的认知水平毕竟不高，在契约的初步设计阶段难免会出现不合理的条款。因此，政府应该运用柔性的契约条款来增加契约的灵活性，以便在下一阶段双方的谈判能够针对 PPP 项目的具体情况进一步设计完善特许经营契约。

5.1.2　招投标阶段的契约分析

招投标阶段包括了发布招标文件、选择私人投资者、签订协议等过程，主要参与者为政府及私人投资者。此时参与者应该遵循的治理原则有：政府要通过一个公正、透明的招标过程来选择他的合作伙伴；政府与私人投资者间应有足够的信息交流，改善双方在合作中处于不利的条件；随着项目的成功，应使得私人投资者获得合理的报酬激励；双方应进行理智的谈判，防止项目合作失败导致的公共资源的浪费；完善合同中有关如何解决危机冲突的条款，用柔性来增强面临未来不确定性的危机解决能力。此阶段的 PPP 项目治理主要通过图 5.4 所示的结构来进行的。

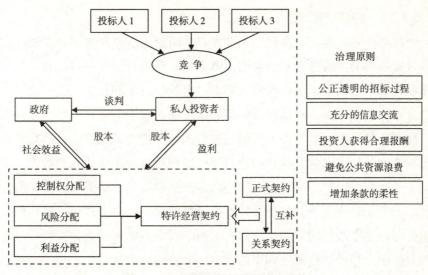

图5.4　PPP项目招投标阶段治理结构

Fig. 5.4　The governance structure of PPP franchise project in bidding phase

5.1.2.1　招投标阶段的工作内容

在 PPP 项目的招投标阶段，首先，要通过竞争机制让企业之间充分竞争，产生一个较为合理的价格和补贴水平，从而使未来投资回报处于合理区间。其次，在确定中标单位后要通过双方的谈判来签订正式契约。双方之间要在签订合同过程中商讨合作的相关事宜，如划清责权义务、设计利益分配机制和风险分担机制。划清责权义务，就是要把私人投资者的投资建设范围、维修维护责任、建设和运营要求等约定清楚，政府应承担的责任也要界定好；设计好利益分配机制，使私人投资者的收益保持在合理范围，互利共赢；设计风险分担机制，列出风险清单，再将清单所列的风险事项根据风险分担的三个原则来划分。如北京地铁 4 号线项目的合同中就规定，如果实际客流连续 3 年低于预期客流，政府要向私人投资者进行补偿；如果实际客流超过了预测的客流，私人投资者要把利润与政府共享，但具体补偿多少、共享多少，在合同中并没有明确的规定。设计好风险分担机制，就是要尽量将各种可能发生的情况都考虑到，包括对各方有利和不利的情况、不可抗力、各方可能存在的违约情况等，并制定相应的具体可行措施。正式契约是 PPP 项目治理的基础，一个比较全面的正式契约会在后期减少矛盾的发生。

5.1.2.2 特许经营契约

PPP 项目的实质是政府和私人投资者共同投入资本和共同分享收益的过程。政府获得的收益是项目带来的社会效益；私人投资者获得的收益是项目带来的盈利。由于资本的逐利性，拥有一定的收益权和控制权是私人投资者参与合作的前提条件。在招投标阶段的谈判中，双方应尽可能将全过程周期内可能产生的风险和利益冲突等问题进行逐一讨论并形成共识，尽量签订一个比较全面的特许经营契约作为项目硬性治理机制的衡量体系和第三方（如法院）的执行标准。特许经营契约的内容包括建设前的融资和运营期的特许经营。融资是政府为公共基础设施建设筹集资金的一种方式，同时也产生了类似公司治理中股权治理的结构形式，由于投资人的多元化，控制权分配与利益分配成为招投标阶段谈判中的首要问题。因此应通过关系契约治理来协调政府与私人投资者间的矛盾，充分运用关系契约治理来合理分配项目风险、收益与控制权，让双方不仅考虑自身利益的得失，还要考虑不损害对方的利益，进而达成双方都认可的特许经营契约条款。

在我国现有的 PPP 项目实际操作中，政府与私人投资者更倾向于在前期签订一个简单的契约，但福建泉州刺桐大桥项目的失败证明了正式契约过于简单也会为后期运营埋下隐患。作为一种长期性的特许经营契约，由于个人的有限理性和交易成本的存在，双方更倾向于在拟定特许经营条款时故意遗漏许多偶然事件，这是因为若将偶然事件都考虑进去会大大增加交易成本的比重，降低签约成功的几率。基于这种不可改变的现状，一方面我们要尽量在能力范围内充分考虑未来风险的发生、利益冲突等不确定性事件；另一方面，无法考虑全面的因素可以用柔性的契约条款来弥补，以增强契约的灵活性。

5.1.3 建设阶段的契约分析

建设阶段的治理结构如图 5.5 所示。

5.1.3.1 建设阶段的工作内容

政府与私人投资者间签订完特许经营契约后会共同组建项目公司。项目公司主要依靠私人投资者进行人力资本投入来对项目建设与运营全过程进行技术管理。政府虽然也会参与管理，但主要承担的是监督的角色。此阶段的参与者为政府、私人投资者与承包商。政府与私人投资者会委托设计院进行施工图设计，办理施工前期手续，招标总承包单位或平行发包单位，管理施工现场，进行工程签证，最后进行竣工结算管理。而承包商在此阶段需要进行材料采购，组织施工队现场施工，提出设计变更和工程签证，最后竣工结算等。

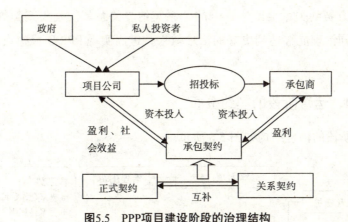

图5.5　PPP项目建设阶段的治理结构

Fig. 5.5　The governance structrure of construction phase in PPP franchise project

5.1.3.2　承包契约

建设阶段，政府与私人投资者的利益目标都是让项目建设水平达到最优，但与承包商的利益目标不同，投资人与承包商之间会产生利益分配问题和机会主义行为。此阶段可能产生治理问题的契约形式主要为投资人与承包商之间的工程承包契约。我国已经形成了《合同法》《招投标法》等法律法规，各类工程承包合同也已形成一套成熟的合同范本，依据这些范本所形成的承包契约即为投资人和承包商间的正式契约。详尽的正式契约是建设期治理的基础，但由于人的有限理性、未来的不确定性以及双方对合同条款理解的差异、法律法规的不完善等因素，正式契约并不能规定 PPP 项目的所有事宜。又由于项目建设周期长，施工中的不确定性因素多，受外界影响而发生变化的可能性较大，即使都使用法律规定的合同范本来订立契约，但质量、安全与进度等方面的治理效果也会产生差异。因此，正式契约并不能解决承包契约中的所有问题，仅依靠正式契约治理会造成治理效率低下，还应该利用关系契约的补充作用来共同治理。

虽然投资人与承包商在利益问题上是对立的，但从整体效益上考虑还要用关系契约的影响使双方的利益目标统一，否则一旦形成对立关系，双方会失去信任和相互理解的动力，谈判和协调就变得尤为困难，最后只能依靠正式契约和法律来解决问题，造成治理效率低下与资源浪费，甚至使项目的建设也难以维系。因此承包契约中不仅包括工程承包合同，即正式契约，还应包括对双方契约关系会产生影响的关系契约。关系契约是正式契约的补充，二者的共同治理能够达到更好的治理效果，进而实现 PPP 项目建设期治理机制的形成。

5.1.4　运营阶段的契约分析

运营阶段的治理结构如图 5.6 所示。

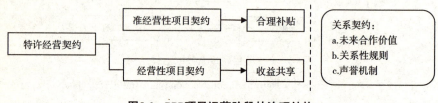

图5.6　PPP项目运营阶段的治理结构

Fig. 5.6　The governance structrure of operation phase in PPP franchise project

5.1.4.1　运营阶段的项目分类

PPP 项目根据运营阶段的经营模式可分为经营性项目、准经营性项目两类。经营性项目是指政府在招投标后仅对项目全过程进行监管，建设、管理及运营均由私人投资者自行决策，所获收益基本归私人投资者所有，如体育馆、收费公路等；准经营性项目是指具有潜在利润的公共项目，但因其政策及收费价格没有到位等因素无法收回成本，因经济效益不佳，故要通过政府适当补贴或政策优惠维持营运，如自来水厂、污水处理厂等。项目运营期的参与者为政府与私人投资者，政府仅负责监管，由双方组建的项目公司负责运营。由于项目未来的不确定性，收益的大小不能完全符合预期值，因此要通过关系契约作用来调节。如果是经营性项目，可以在运营初期对实际需求量进行观测，超过一定比例的偏差部分形成的损失或者收益由政府与私人投资者共同承担或享有；如果是准经营性项目，政府应与私人投资者共同制定合理补贴价格，在项目投入运营后的两年根据实际需求量对补贴价格进行调整。

5.1.4.2　特许经营契约的实施

运营期的正式契约即为招投标阶段已经签订的特许经营契约，特许经营契约之所以比普通项目的契约更加不完全，是因为 PPP 项目运营期通常会持续 20～30 年，因而很难对未来发生的各种可能性作出准确预测，政府与私人投资者在项目前期均存在一定程度的人力、物力等专用性资产投入，导致了项目面临的后机会主义行为的可能性也较大。项目运营是否成功，一方面取决于招投标阶段的谈判结果，即正式契约的订立情况；另一方面取决于特许经营契约在运营期内机会主义行为等问题的治理情况。前期订立的合同过于简单固然会增加项目治理的难度，但若运营期内能够将关系契约的未来合作价值、关系性规则与声誉机制充分运用，也可使项目合作成功。运营期是政府与私人投资者对特许经营契约的主要履行阶段。此阶段私人投资者对项目进行运营、管理并获得收益；政府则对特许经营契约中有关价格、服务内容等条款的履行情况进行监管，从而保证社会效益。由于运营期延续时间长，不可预见的不确定性因素较多，尤其我国的 PPP 模式尚处于起步阶段，尚无已经期满结束的成功案例，没有现成的经验可取，因此在项目运营期暂时只能"摸着石头过河"，逐渐完善项目治理方法。

5.2　关系契约对PPP项目治理的影响机制

在市场经济条件下，PPP 模式不仅是一个带来了公共建筑市场革新的融资工具，同时也引进了先进的管理思想和技术体系。社会资本的进入必然带来项目所有权结构的变化，从而引起项目治理结构的变化。PPP 项目有三大主体，即政府、私人投资者、承包商。其中，政府与私人投资者是特许经营和融资关系，签订的是特许经营契约，会存在双方的利益冲突、风险分担和控制权分配问题；投资人（政府及私人投资者）与承包商是一种委托代理关系，签订的是承包契约，可能存在双方的机会主义行为。要解决这些治理问题应将正式契约的硬性约束结合关系契约的柔性约束影响，来建立一种契约的自我实施机制。将关系契约作用在 PPP 项目治理中，一是能够促进主体间的相互信任，大大降低双方的搜寻信息与宣传成本；二是有利于主体间的目标统一，将主体的自身利益最大化转化为项目整体效益最大化。关系契约的自我实施机制最后会通过未来合作价值与声誉的强化作用达到自我实施的目的。

5.2.1　关系契约的治理思路

5.2.1.1　关系契约的柔性约束

正式契约适合对双方的契约关系中能够看见的、没有争议性的内容进行治理，用书面的条款和第三方的监管来约束双方的行为。正式契约订立得越详细，没有争议性的可适用范围越大，但正如前面所论述的那样，越详细的正式契约需要的交易成本越大，为了制定过于详细的正式契约而增大交易成本反而不利于提高治理效率。关系契约对正式契约的不可适用范围起到补充作用：一是降低了各方的交易成本；二是解决了正式契约适用范围外的治理问题。PPP 项目的长期性和不确定性使契约产生了未来无法预计的纠纷，如果仅仅依靠正式契约来实现项目治理，不仅会花费较大的交易成本，而且即使用更多的成本和资源也无法解决政府、私人投资者与承包商间未来所有的矛盾问题。我国 PPP 项目多数会失败的原因也正是在于没有充分利用关系契约的补充作用。

首先，应认识到关系契约是一种柔性约束，是通过未来合作价值、关系性规则和声誉机制的影响来实现其作用的，但无法像正式契约一样用书面条款或语言来准确描述。双方一旦形成关系契约就会自觉遵守这种"规则"，放弃只追寻自身利益最大化的目标来共同实现整体效益最大化，任何想要打破这种关系契约的行为都会受到处罚。其次，正式契约与关系契约的形成是相互增进的，如果双方在招投标阶段努力设计最佳契约条款，会增加彼此的信任、信息交流和未来合作价值，更有利于关系契约柔性约束的形成。

5.2.1.2　关系契约的自我实施

在 PPP 项目治理机制中，关系契约可以有效弥补正式契约的不足。由于关系契约本身的柔性，可以使治理机制更富有弹性，并通过良性循环来实现治理机制的自我实施和长期稳定性。关系契约的未来合作价值、关系性规则、声誉机制可以解决三方主体间的治理问题。问题的解决又通过良性循环，使未来合作价值、关系性规则、声誉机制得到加强，使 PPP 项目治理机制更加稳定。在主体间的契约关系中，正式契约是治理机制的基础，是具有法律效力的硬性约束条件；关系契约则是一种柔性的约束机制，通过各方对未来合作价值和声誉的考虑，关系性规则使得各治理主体自觉履行契约。正式契约是双方契约关系的直接作用，关系契约是间接作用。关系契约的治理机制如图 5.7 所示。

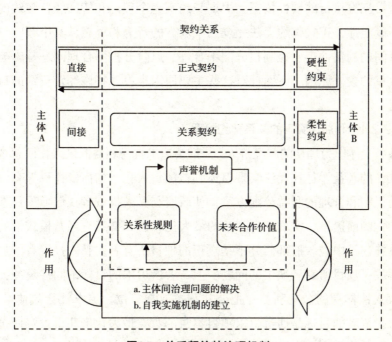

图5.7　关系契约的治理机制

Fig. 5.7　The governance mechanism of relational contract

关系契约的影响因素之间还存在着内部联系。根据第 2 章的理论分析可知，关系契约是通过三个影响因素来依次影响达到一种良性循环的：产生未来合作价值是 PPP 项目合作的基石，由项目的长期延续性所产生的未来合作价值（第一方面的未来合作价值）促进了双方使用柔性、信任、信息交流的关系性规则；双方遵守关系性规则会促进一次合作成功；一次成功的合作经验会增加双方的行业声誉；声誉的累积会促进己方未来合作价值（第二方面的未来合作价值）的产生。通过观察关系契约影响因素间的关系可以发现，项目未来合作价值和声誉是良性循环的保证；关系性规则是关系契约的指导方法。特许经营契约与承包契约的治理问题都可以用关系契约治理机制来解决。

5.2.2 特许经营契约的关系契约治理

PPP 项目所有者的多元化是其与传统政府项目最大的区别，这种模式可以从一定程度上解决公共项目建设所有者缺位问题，但也可能由于所有者的多元化导致合作的失败。政府与私人投资者签订的特许经营契约是正式契约，是第三方执行的硬性依据。根据契约不完全理论和特许经营契约的长期性、不确定性，正式契约无法完全约束双方的行为和思想，其中政府与私人投资者间的利益冲突、控制权分配不合理、风险分担不合理问题是影响项目治理效率的主要原因。下面针对这些主要原因来设计特许经营契约的自我实施机制。

5.2.2.1 利益冲突下的关系契约治理

每个主体作为理性的"经济人"，都会追求自身利益的最大化而忽视其他合作伙伴的利益，往往无法实现整体利益的最大化。如何设计科学有效的监督激励机制和合理的利益分配方案，使政府与私人投资者在保障项目整体利益最大化的前提下，实现自身利益的最大化。在 PPP 特许经营模式下的公共基础设施建设中，政府部门并不是真正的项目所有者，私人投资者的加入很好地解决了项目所有者缺位的问题。但二者所追求的目标不同甚至冲突：政府代表人民群众的公共利益，把公共利益放在首位，追求社会效益最大化；而私人投资者的目标是通过追求项目本身的收益最大化来获得投资回报。双方必然会争取有利于自己的权利，以维护自身目标利益的实现。如果不能充分协调双方的利益目标，则利益矛盾很容易激化，最终导致合作失败。

政府与私人投资者之间的利益冲突是资本的逐利性与社会效益的矛盾造成的。大多数情况下，政府及私人投资者都会寻求项目的盈利性。这是因为政府如果没有满足私人投资者获得一定收益，政府对其的未来合作价值必会大大降低，私人投资者便不会寻求再次合作。但有时双方利益目标不一致会导致严重的利益分歧。例如，建立一座污水处理厂，为了迅速收回成本，私人投资者会抬高污水处理的费用，而政府站在公益性角度考虑会持有反对意见。为了解决双方利益目标不一致导致的利益冲突问题，私人投资者应利用自身专业优势详细研究方案的可行性，合理制定污水处理单价；政府在此基础上结合当地实际情况提出柔性的修改意见，在重复博弈中进行充分的信息交流，进而双方逐渐建立起信任关系，统一双方的利益目标。由于污水处理厂是一种市场化不强的准经营性项目，为了保证私人投资者的正常收益，政府可以对私人投资者进行合理的污水处理补贴，补贴的具体标准要经过谈判博弈的过程来获得。同时，私人投资者也不能一味追求高收益而利用自身的专业优势产生的信息不对称过分要求政府给予高额补贴，或者通过降低污水处理质量来减少成本。

5.2.2.2　基于控制权分配的关系契约治理

由于政府在项目中不仅拥有股东的身份，还拥有赋予私人投资者特许经营权的国家公权力，因此政府很容易影响企业的决策与运营。而另一方面，政府由于专业技术的局限性，造成其所拥有的控制权得不到有效利用，反而不利于项目治理。因此在 PPP 特许经营融资模式下，私人投资者资本可以占据主导地位，而不像过去传统的公共基础设施建设模式，仅由政府决策和运营，这种方式有利于管理与技术水平的提升。如果政府仍采取过去的管理模式，则会在股权行使中造成权力越位，如杭州湾大桥项目在实施中就体现了控制权分配不合理。项目建设初期总投资的 50.26% 由多家私人投资者组成。控制权是投资者控制风险和保障收益的重要权利，私人投资者应拥有与投入资金相匹配的控制权来行使股东应有的监督和约束的权力，但在实际操作中，私人投资者没有获得相应的控制权。控制权分配不合理直接导致了风险分担不合理和管理技术水平下降，最终造成民间资本的逐渐退出，由最初的占比 50.26% 下降到占比 28.64%。

政府及私人投资者同时作为项目的股东，在项目的建设期与运营期均享有与投资比例相对应的控制权。但项目治理与公司治理理论中的股权分配还存在很大区别，项目的控制权分配还与利益分配和风险分担有关，因此不能单从投资比例角度来确定，还需要综合考虑利益、风险、专业技术能力等因素。吸取杭州湾大桥项目的教训，要建立控制权分配的合理机制。政府更应本着柔性处理矛盾、及时交流信息、建立信任关系等原则与私人投资者共同协作。

5.2.2.3　风险分担下的关系契约治理

PPP 项目风险分担不合理是导致投资失败的重要原因之一。合同规定的风险分配一般是由政府承担政治风险、政策失误风险等外部环境风险，私人投资者承担运行风险、财务风险、设计风险、建设风险、市场风险、自然灾害等项目管理风险，政府与私人投资者共同承担项目选择风险、立法风险、社会风险、合作风险。如何共同承担风险，如何进行风险承担分工，如果事先没有对项目的风险进行系统的评估和预测，详细规划风险出现时的应对策略，极易产生一方或多方的收益损失。

风险分担一般应遵循三个原则：第一，按分担风险所获得的收益程度分担；第二，按控制权的范围分担；第三，由最有能力的一方来承担相应风险。在风险分担谈判时应首先预测和评估风险，并列举风险清单，再按照上述三个原则确定风险分担范围。一方面由于政府缺乏经验，极可能出现私人投资者利用对业内的熟悉程度和信息的不对称使政府承担了超范围的风险，导致公共利益受损；另一方面由于上述权力越位的问题，政府可能争夺企业领域范围内的控制权，但风险依旧由企业承担，出现该领域控制权与风险分离的现象。这就要求企业为了行业声誉和未来合作价值而自发地与政府进行充分的信息交流，政府掌握了大量的信息就能对风险分担作出判断，在双方信息对称的情况下制定风险分担的合同条款。政府也应为了行业声誉和未来合作价值规避自身权力越位，遵守关系性规则。又因为项目的不确定性，风险清单无法列举出所有的潜在风险。当不可预见风险出现时，政府与私人投资者都需要本着互利共赢、公平、效率的原则处理风险，这不仅增进了双方的互信，更赢得了未来合作价值和行业声誉。

综上所述，正式契约中无法解决的冲突均可以通过关系契约来协调解决。通过建立起声誉机制，使声誉的逐渐累积产生更多的未来合作机会，这使得双方为了获得声誉和未来合作机会而愿意极力促进此次合作的成功，产生互相妥协的行为。一旦运用关系契约解决了利益分配、控制权分配和风险分担问题，又可以反过来对关系契约的未来合作价值、关系性规则和声誉机制的影响起到加强作用，进而形成 PPP 项目治理的良性循环及自我实施。

5.2.3　承包契约的关系契约治理

在普通建设项目中的承包商一般是被监督、约束和激励的对象，但在 PPP 项目治理结构中，承包商作为人力资本的主要提供者和建设任务的具体实施者不应仅限于此，而应作为契约的主体之一，并在治理结构中发挥重要作用。在项目建设阶段，信息不对称引起的双边机会主义行为是导致投资人与承包商合作失败的主要原因，如何解决信息不对称问题是投资人与承包商间承包契约治理的难点。根据建设时期的工作内容可以将建设期分为两个阶段来研究承包契约治理问题，用关系契约来规避机会主义行为的治理思路，如图 5.8 所示。

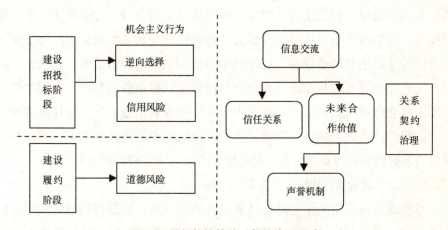

图5.8　承包契约的关系契约治理思路

Fig. 5.8　The governance thinking about work contract based on relational contract

5.2.3.1　建设招投标阶段的关系契约治理

建设招投标阶段是投资人和承包商双向选择的过程，此阶段投资者需要综合考虑各投标方的资质、业绩、项目管理人员素质及投标报价等因素，投标方希望选择信誉高、有资金实力、手续齐全的投资者。在双向选择过程中双方的信息是不对称的，主要表现在：投资人对承包商的管理人员素质、专业技术水平、设备材料的拥有情况等信息了解甚少；承包商对投资人的建造意图、资金情况、项目手续是否齐全等信息了解不足。这些信息的不足会导致投资人或承包商如果不具备签订和履行契约的能力，却为了中标而采取隐瞒或夸大的手段，最后有可能会出现逆向选择问题而使优质的承包商遭到淘汰，让投资人蒙受损失，或者投资人发生信用风险无法按时拨付工程款使承包商蒙受损失。因此为了在招投标短期时间内充分掌握对方的信息，防止信息不对称可能导致的损失，双方都会付出大量的搜寻信息的资金成本和时间成本以及传递自身优势信息的信息传播成本。

信息不对称导致的逆向选择问题可以通过建立双方间的信任关系来解决，双方的信任关系是通过真实的信息交流获得的。在投资人与承包商签订承包契约的过程中，投资人和承包商由于信息不对称只能拥有对方的不完全信息甚至错误信息，双方要通过关系性规则中的信息交流使己方的真实信息充分传递。比如投资人在制作招标文件、现场勘察和答疑等与投标人接触过程中将己方信息通过多种渠道表达出来，承包商将工程业绩、专业技术水平、管理能力、设备材料信息等通过投标文件的形式充分转达给投资人。为了保证双方所传达的信息的准确性，还要引用声誉和未来合作价值的作用机制。当双方用充分的真实信息交流获得彼此信任后会获得声誉的累加，进而产生双方的未来合作价值；相反，一旦其中一方采用虚假信息中标，信任关系就会随之破裂，声誉则会降低。因此，在关系契约的自我实施机制下，双方都会遵循关系契约来获得长期利益而规避机会主义行为带来的短期利益。

5.2.3.2　建设履约阶段的关系契约治理

当投资人与选定的承包商签订承包合同后，还存在建设履行过程中的信息不对称。此阶段承包商比投资人更了解自身建造行为，如配备的人员素质、施工材料质量、施工工艺与技术等。投资人也无法完全掌握承包商是否严格按照合同标准进行施工，是否存在偷工减料和"偷懒"的行为。这时投资人是信息劣势方，承包商为信息优势方。另一方面，承包商不了解投资人的信誉、资金能力，投资人可能在此阶段发生道德风险有意拖欠工程款，承包商成为了信息劣势方，这时承包商对投资人的不利选择将给自己带来损失。因此，在这种相互对策的交易过程中，由于信息的不对称，双方都存在着不确定性，都不能完全控制对方的选择行为，并面临由于不利选择而造成的损失，其根本原因是存在双边的道德风险。施工质量是项目未来运营的保障，在 PPP 项目建设履约阶段，承包商作为项目施工质量、进度、安全的实施者，可能由于资本的逐利性，出现偷工减料等机会主义行为，为项目运营埋下隐患。

防范承包商的机会主义行为可以用关系契约的未来合作价值和声誉机制来约束。同政府与私人投资者的约束一样，一旦双方产生基于下一次合作的未来合作价值，承包商会有自我约束并为了下一次合作而积极配合，保质保量完成施工任务的动机。声誉机制在承包商行业内起到广泛约束的作用，这是由于施工单位是人力资源的供应方，任何供应方都会想方设法在行业内获得较高的声誉，这不仅会带来更多的合作机会，还能提升自身的竞争力和人力资本价值。为了构建承包商的声誉机制，行业内应该形成一个信誉排行榜，实行末位淘汰制，将不守信誉的承包商淘汰出市场。声誉机制形成后，承包商道德风险一旦发生，就要承受失去信誉的后果。

防范承包契约中产生机会主义行为的另一个手段是提供适当激励，良好的激励机制是关系契约良性循环的动力。激励可以采用两种方式进行：一种是物质激励，包括正激励奖励和负激励惩罚，例如中国香港地区青马大桥项目的投资人按合同价款的 10% 设定承包商的奖惩，如果承包商在履约时产生严重的违约行为，投资人可以终止契约并另行招标；另一种是控制权激励，让承包商参与项目投资，并获得一定的控制权，由于控制权具有约束作用，使得承包商为了自身股权利益和不失去控制权而自觉规避机会主义行为。例如 2014 年 6 月五矿信托与抚顺沈抚新城管委会、中建一局（集团）有限公司签订的《沈抚新城政府购买服务合作框架协议》，在该项目中，政府以特许权协议为基础，由沈抚新城管委会、五矿信托、中建一局共同注资成立项目公司，按照协议约定，承包商中建一局投资金额 200 万元，同时获得小部分控制权，这样可以赋予承包商责任感来进一步提高工程质量。

5.3　PPP项目治理结构与难点分析

5.3.1　PPP项目治理结构

设计治理结构的目的是为了将项目的各个主体通过一定的关系连接成一个整体，在这个整体中，每个主体都与其他主体存在着某种契约关系，每个主体的责、权、利都是密不可分的关联体。因此，PPP项目实质上也可以说是由一系列契约和缔结契约的主体组成的：一是投资人（包括政府和私人投资者）在招投标阶段就开始形成的特许经营契约关系，这种关系从招投标阶段一直贯穿到项目运营期的最终；二是承包商（项目的具体执行和实施者）在建设阶段与投资人形成承包契约关系。建立项目主体之间的契约关系，在此基础上，使PPP项目用关系契约与正式契约共同治理，进而形成有效的项目治理机制。根据前述分析得出PPP项目治理结构最终形成框架如图5.9所示。

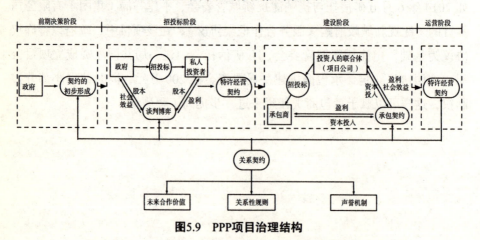

图5.9　PPP项目治理结构

Fig. 5.9　The governance structure of PPP franchise project

在前期决策阶段，政府拟定的特许经营契约可能会由于专业技术经验不足而制定一些不合理的契约条款，用关系契约的柔性来使契约更具有灵活性；在 PPP 项目招投标阶段的谈判博弈中，为了促进政府与私人投资者达成一致，应充分运用关系契约治理来合理分配项目风险、收益与控制权，使得私人投资者获得稳定的投资回报，政府获得社会效益；在建设期，由投资人组成的项目公司负责建设任务的招投标与施工过程管理，此时承包商与投资人之间会出现双边机会主义行为，要用关系契约的声誉机制和未来合作价值来约束双方的行为；在运营期，特许经营契约进行到了第二个运用阶段，用来治理政府与私人投资者的实际利益分配问题，由于前期测算与实际运营间存在差距，价格与实际的偏高或偏低同样要用关系契约来调整。

5.3.2　PPP 项目治理的难点

5.3.2.1　谈判博弈中的利益分配问题

研究表明，政府与私人投资者控制权的大小与收益呈正相关，风险的分类及分担情况也极大程度影响自身效益的正偏离和负偏离，实际上控制权的分配结果与风险的分担结果也最终表现在利益分配上，因此控制权分配与风险分担也可在宏观上同时归纳为双方间的利益分配问题。利益分配是特许经营契约在双方谈判博弈中的难点问题，关系契约的未来合作价值、关系性规则及声誉机制对双方契约的积极影响体现为利益分配能够公平合理地达到双方满意的程度，但达到何种程度才能使双方都满意却无法用关系契约来解决。关系契约只能使双方产生互相妥协的动机却无法准确指导双方进行公平合理的利益分配。因此需要设计一个公平合理的利益分配机制来解决，并要在利益分配机制中将双方承担的风险、实际对项目的控制权等因素综合考虑。

5.3.2.2　承包契约中的机会主义行为问题

虽然在承包契约中投资人和承包商都会产生机会主义行为，但承包商的行为治理是影响后期运营效果的关键因素，承包商的机会主义行为会对项目产生重大影响，而完全掌控其行为又较为困难，因此如何对承包商进行有效的治理是 PPP 项目治理的另一大难点问题。据第 3 章中关系契约治理机制对承包契约的影响分析可知，关系契约的未来合作价值和声誉机制对机会主义行为产生了较多的约束作用，但约束的效果如何还需进一步直观论证，因此需在下一章节中建立基于三个阶段的对比分析来验证关系契约对承包商行为治理的效果。

5.4 PPP项目治理难点的解决

5.4.1 政府与私人投资者的利益分配模型构建

实践证明，当个体理性的决策行为陷入困境时，通常会采用一些明的协议或者是暗的协议来摆脱困境，用联合理性的思维方式来解决问题。这种联合理性在 PPP 特许经营项目中就是每个主体往往在一定情境下表现出的追求项目整体效益最大化，这种情境是需要通过关系契约的未来合作价值、关系性规则与声誉机制来实现的。PPP 项目的理念是基于相互合作关系，双方本着信任、交流和柔性处理的原则，从联合理性的角度出发，通过一定的正式契约和关系契约来约束各个主体的行为，使得所有主体始终考虑项目整体效益最大化。政府与私人投资者间的利益冲突、控制权分配不合理、风险分担不合理问题归根结底都是双方间的利益分配问题，控制权与风险的分配也最终体现在利益分配上。由于双方都有联合理性的影响，因此可以用合作博弈的 Nash 谈判模型来解决利益分配问题。

政府与私人投资者能够形成合作伙伴关系说明双方是合作博弈，可以通过构建 Nash 谈判模型解决双方之间的利益分配问题，现作出以下的假设。

①政府根据 PPP 特许经营项目的具体情况通过招投标或谈判性竞争等方式寻找项目合作伙伴，双方都会从联合理性的角度考虑问题。

②政府与所有私人投资者达成一致并签订契约，该契约是平等的，对每个契约主体有相同大小的约束力，且必须是在政府与私人投资者的共同努力下才能完成。

③政府与私人投资者都是风险中性的，既不偏好风险，也不回避风险。

④政府与所有私人投资者在 PPP 特许经营项目中的贡献程度有差异，假设这种差异可用模型调整系数 w_i 来表示贡献程度。

⑤最后的谈判结果必然高于或等于政府和各私人投资者的心理底线。

5.4.1.1　Nash 谈判模型的建立

假设 PPP 项目中包括政府和私人投资者共有 n 个参与主体，且每个参与主体只提出一种利益分配方案，政府与所有私人投资者分别根据项目整体的指标体系来提出自身不同的收益分配方案。假设第 i 个参与者提出的分配方案为：$F_i = \{f_{1i}, f_{2i}, f_{3i}, \cdots, f_{ni}\}$，其中 f_{ji} 表示的是第 i 个参与者认为第 j 个参与者的利益分配系数，则有 $0 < f_{ji} < 1$，且有 $\sum\limits_{j,i=1}^{n} f_{ji} = 1$。得出由 PPP 项目 n 个参与者提出的利益分配方案组成的系数矩阵为：

$$F = \begin{bmatrix} f_{11} & f_{21} & \cdots & f_{n1} \\ f_{12} & f_{22} & \cdots & f_{n2} \\ \cdots & \cdots & \cdots & \cdots \\ f_{1n} & f_{2n} & \cdots & f_{nn} \end{bmatrix} \tag{5-1}$$

在所有参与者提出利益分配方案后，将进行相互间的谈判博弈，最后通过博弈找到一个使所有参与者都满意的利益分配最优方案。其中，第 i 个参与者最满意的分配系数为：$f_i^* = \max\{f_{1i}, f_{2i}, f_{3i}, \cdots, f_{ni}\}$，最不满意的分配系数为：$f_i' = \min\{f_{1i}, f_{2i}, f_{3i}, \cdots, f_{ni}\}$。假设 PPP 项目中私人投资者只有一个参与者，如果不考虑政府与私人投资者的贡献程度，并且谈判的耐心是无穷大的，会有最终分配系数（$\overline{f_1}, \overline{f_2}$）$\in F$，满足 $f_1^* \geqslant \overline{f_1} \geqslant f_1'$，$f_2^* \geqslant \overline{f_2} \geqslant f_2'$，得出 Nash 谈判模型：

$$\max Q(f_1, f_2) = \prod_{i=1}^{n} (f_1 - f_1')(f_2 \geqslant f_2') \tag{5-2}$$

通过求解拉格朗日乘法函数可得出唯一最优解（$\overline{f_1}, \overline{f_2}$）：

$$\begin{cases} \bar{f_1} = f_1' + \dfrac{1}{2}(1 - f_1' - f_2') \\ \bar{f_2} = f_2' + \dfrac{1}{2}(1 - f_1' - f_2') \end{cases}$$ （5-3）

但实际上政府与私人投资者在项目中的贡献程度与双方承担风险的大小、实际控制权大小和投资比例有关，贡献程度不同其利益分配系数也会发生变化。因此，应该对模型进行调整，增加一个利益分配系数 w。Nash 谈判模型演变为：

$$\max Q(f_1, f_2) = \prod_{i=1}^{n} (f_1 - f_1')^{w_1} (f_2 - f_2')^{w_2}$$ （5-4）

其中，利益分配系数 w 与风险分担、实际控制权大小和投资比例有关。利益分配的谈判博弈实际上是政府与私人投资者间的相互让步的过程，通过所有参与者的谈判博弈能够得到所有参与者都满意的分配系数，并通过不断改变满意度来达到合作的目的。参与者的满意度可以表示为：

$$M_i = \frac{\bar{f_i}}{f_i^*}$$ （5-5）

其中，$0 < M_i \leqslant 1$，各参与者的谈判底线为 $\dfrac{f_i'}{f_i^*}$，谈判持续到双方达到满意结果为止，同时必须有 $\bar{f_i} > f_i'$，否则谈判失败。

推广到多个项目参与者的情况，PPP 项目参与者的投资比例、实际控制权及风险的分担各不相同，各方的利益分配系数随之调整，最终运用系数调整后的 Nash 谈判模型来建立本模型：

$$\max Q = \prod_{i=1}^{n} \left(\frac{\bar{f_i}}{f_i^*} - \frac{f_i'}{f_i^*} \right)^{w_i}$$ （5-6）

$$s.t. \begin{cases} \bar{f_i} \geqslant f_i^{'} \\ \sum_{i=1}^{n} \bar{f_i} = 1 \\ i = 1, 2, \cdots, n \end{cases}$$

对式（5-6）求解可得：

$$\bar{f_i} = f_i^{'} + (1 - \sum_{i=1}^{n} f_i^{'}) \frac{w_i f_i^{*}}{\sum_{i=1}^{n} w_i f_i^{*}} \qquad （5-7）$$

5.4.1.2　确定利益分配系数

（1）利益分配系数

利益分配系数 w_i 是第 i 个参与者在对项目的贡献中占有的权重，有 $\sum_{i=1}^{n} w_i = 1$，w_i 由出资比例（X_i）、实际控制权系数（Y_i）和风险系数（Z_i）决定。则 w_i 的计算公式为：

$$w_i = \frac{X_i \cdot Y_i \cdot Z_i}{\sum_{i=1}^{n}(X_i \cdot Y_i \cdot Z_i)} \qquad （5-8）$$

上式中，出资比例可以在项目前期决策阶段通过统计计算或定量分析来判断出来，政府与私人投资者的实际控制权系数和风险分担系数一般可以通过下面的方法来求得。

（2）出资比例

将政府的出资比例定为 X_1，私人投资者的出资比例定为 X_i（$i \neq 1$），则有：

$$X_1 + \sum_{i=1}^{n} X_i = 1 (i = 1, 2, \cdots, n) \qquad （5-9）$$

出资比例一般在前期决策阶段就由政府部门通过市场调查和财务测算初步确定下来了，后期变化不会太大。一方面，现阶段我国PPP模式处于起步阶段，私有资本所占比例普遍不高，随着公共项目建设从传统政府项目向PPP模式的逐渐转变，私有资本所占比例将在未来逐渐提高；另一方面，政府的诚信度也会影响着私有资本的比例。由于我国有关PPP的相关政策法规尚不完善，政府允诺的收益条件、财税减免等优惠政策的连续性能否实现决定了私人投资者的投资额度。

（3）模糊评价分析确定风险分担系数[53-54]

PPP项目的风险是私人投资者和政府共同分担的，招投标阶段会在契约中约定好风险分担的具体措施和内容。从以往经验来看，项目风险主要体现在：①项目全过程风险，包括政策法规风险、市场风险、环境风险、不可抗力风险；②项目局部风险，包括技术风险、建设风险、运营风险、金融风险。风险的分担关系到双方自身利益的实现情况，在双方谈判时是重要方面，确定风险分担系数时要考虑所有可能存在的风险，并同时遵守关系契约的约束作用，根据每个PPP项目的实际情况而定。

将政府的风险分担系数定为Y_1，私人投资者的风险分担系数定为$Y_i(i \neq 1)$，设项目共有t种风险，同一种风险有$y_1 + y_i = 1$，a_t为各种风险的权重系数。

$$Y_1 = a_1 y_{11} + a_2 y_{12} + a_3 y_{13} + \cdots + a_t y_{1t} \qquad （5\text{-}10）$$

$$Y_i = a_1 y_{i1} + a_2 y_{i2} + a_3 y_{i3} + \cdots + a_t y_{it} \qquad （5\text{-}11）$$

设PPP项目风险因素包括$U = \{ u_1, u_2, u_3, u_4, u_5, u_6, u_7, u_8 \}$，用风险分担的评价$P = （0.1, 0.3, 0.5, 0.7, 0.9）$来表示风险分配大小的对应关系。

邀请5位项目管理专家来对风险的分担进行评估并折合为$[0, 1]$区间的数值。最后得到各因素的模糊向量$\{ A_1, A_2, A_3, A_4, A_5, A_6, A_7, A_8 \}$，模糊关系矩阵$B$：

$$B \begin{bmatrix} A_1 \\ A_2 \\ A_3 \\ A_4 \\ A_5 \\ A_6 \\ A_7 \\ A_8 \end{bmatrix} = \begin{bmatrix} b_{11} & b_{12} & b_{13} & b_{14} & b_{15} \\ b_{21} & b_{22} & b_{23} & b_{24} & b_{25} \\ b_{31} & b_{32} & b_{33} & b_{34} & b_{35} \\ b_{41} & b_{42} & b_{43} & b_{44} & b_{45} \\ b_{51} & b_{52} & b_{53} & b_{54} & b_{55} \\ b_{61} & b_{62} & b_{63} & b_{64} & b_{65} \\ b_{71} & b_{72} & b_{73} & b_{74} & b_{75} \\ b_{81} & b_{82} & b_{83} & b_{84} & b_{85} \end{bmatrix} \tag{5-12}$$

设赋予各风险因素的权向量 $V = (v_1, v_2, v_{3,} v_4, v_5, v_6, v_7, v_8)$，进行风险因素的模糊综合评价可得：

$$B^{'} = VB = (v_1, v_2, v_3, v_4, v_5, v_6, v_7, v_8) \begin{bmatrix} b_{11} & b_{12} & b_{13} & b_{14} & b_{15} \\ b_{21} & b_{22} & b_{23} & b_{24} & b_{25} \\ b_{31} & b_{32} & b_{33} & b_{34} & b_{35} \\ b_{41} & b_{42} & b_{43} & b_{44} & b_{45} \\ b_{51} & b_{52} & b_{53} & b_{54} & b_{55} \\ b_{61} & b_{62} & b_{63} & b_{64} & b_{65} \\ b_{71} & b_{72} & b_{73} & b_{74} & b_{75} \\ b_{81} & b_{82} & b_{83} & b_{84} & b_{85} \end{bmatrix} = [b_1, b_2, b_3, b_4, b_5] \tag{5-13}$$

则政府与所有私人投资者的风险分担系数为 $Y_i = B^{'} P^T$（$i=1, \cdots, n$）。

（4）实际控制权系数

实际控制权系数表示的是对项目运作权的掌握程度，其大小决定着双方对项目的影响及掌控范围，实际控制权是利益分配的重要考虑因素，主要由双方的管理能力以及技术能力确定，有时也会受政府公权力的影响。

①管理能力。是指双方利用自身具有的信息和人力资本获取的项目价值，双方获取信息的能力越强或人力资本产生的项目价值越大，管理能力就越强。

②技术能力。主要指的是双方的人才资源、技术、专利水平等。PPP 项目持续时间长，不确定性因素多且流程复杂，若拥有核心的专业技术能力会提高项目治理效率。

③公权力的影响。实际控制权的分配不仅与双方的管理技术能力有关，还受政府公权力的影响。这是由于政府作为项目的发起人和监督人，对私人投资者存在一定公权力的干预行为。倘若政府的干预行为少，则公权力对实

际控制权分配的影响小，反之则影响较大。

　　拥有实际控制权对 PPP 项目的影响往往是不可具体计量的，通常情况下私人投资者在 PPP 项目中管理能力以及技术能力占优，因此私人投资者应该分配较大的实际控制权才有利于项目治理。此时应该运用关系契约来约束政府部门公权力产生的干预，以项目整体效益最大化为目的合理分配双方的实际控制权，进而产生有利的治理条件。

5.4.1.3　模型计算结果

将 $w_i = \dfrac{X_i \cdot Y_i \cdot Z_i}{\sum\limits_{i=1}^{n}(X_i \cdot Y_i \cdot Z_i)}$ 代入式（5-6）中，表达式变换为：

$$\max Q = \prod_{i=1}^{n}\left(\frac{\overline{f_i}}{f_i^*} - \frac{f_i'}{f_i^*}\right)\frac{X_i \cdot Y_i \cdot Z_i}{\sum\limits_{i=1}^{n}X_i \cdot Y_i \cdot Z_i} \tag{5-14}$$

$$s.t.\begin{cases} \overline{f_i} \geqslant f_i' \\ \sum\limits_{i=1}^{n}\overline{f_i} = \sum\limits_{i=1}^{n}\left(f_i^* - y_i\right) = 1 \\ i = 1,2,\cdots,n \end{cases}$$

　　引入拉格朗日乘数法对式（5-7）求解，可求得利益分配系数：

$$\overline{f_i} = f_i' + \left(1 - \sum_{i=1}^{n}f_i'\right) \cdot \frac{\left[\dfrac{\left[(X_i \cdot Y_i \cdot Z_i)\right]}{\sum\limits_{j=1}^{n}(X_i \cdot Y_i \cdot Z_i)}\right] \cdot f_i^*}{\sum\limits_{i=1}^{n}\left[\dfrac{\left[(X_i \cdot Y_i \cdot Z_i)\right]}{\sum\limits_{j=1}^{n}(X_i \cdot Y_i \cdot Z_i)}\right] \cdot f_i^*}, i = 1,2,\cdots,n \tag{5-15}$$

5.4.2　基于承包商关系契约负激励机制的模型构建

承包商的机会主义行为不仅要依靠关系契约的未来合作价值、关系性规则、声誉机制的积极影响，还应构建一种负激励机制来协同治理。这里用三个阶段的博弈模型[54]来对比论证，证明用关系契约的未来合作价值和声誉机制来影响 PPP 项目建设能够比仅用正式契约治理的效果更好，在此基础上对承包商进行负激励能够带来项目整体效益的最大化。下面根据一次性合作模型、关系契约模型和加入负激励机制的关系契约模型来研究如何在整体收益最大化的情况下达到投资人与承包商间的收益均衡。

5.4.2.1　一次性合作博弈模型

（1）基本假设[55]

①投资者与承包商分别只有一个参与者。

②投资者与承包商为合作博弈关系，即双方都能在此次活动中获得收益，且承包方在未签订契约前需要有人力资本、资金等形式的投入以满足 PPP 项目的建设需求。

③投资者对 PPP 项目建设的需求呈随机独立分布，且位于区间 $[a,b]$，$0 \leqslant a < b \leqslant \infty$，需求的分布函数是 $G(x)$，$G(a)=0$，$G(b)=1$；需求的密度函数是 $g(x)$，$\forall x > 0$，$g(x) > 0$。

④由于每个项目投资不同，为了建模方便将资金分摊折算成平方米来计算。设承包商对项目的先期投资每平方米成本为 c_1，生产每平方米成本为 c_2，每平方米总成本为 $c_1 + c_2$。假设投资者下次招标制定的每平方米价格为 z，则有 $c_1 + c_2 < z$。

（2）建立 Stackelberg 博弈均衡并求解

假设承包商在前期投资能够承建的规模为 j，如果投资者的需求量大于 j，则要求会得不到满足。投资者在一次合作中的期望产值可以表示如下：

$$Q = \int_a^j xg(x)\mathrm{d}x + j\bigl(1 - G(x)\bigr) = j - \int_a^j G(x)\mathrm{d}x \tag{5-16}$$

投资者与承包商组成的整体收益函数如下：

$$F = Q(z - c_2) - c_1 = \left(j - \int_a^j G(x)\mathrm{d}x\right)(z - c_2) - c_1 j \tag{5-17}$$

式（5-17）的一阶最优解为：

$$G(j^*) = 1 - \frac{c_1}{z - c_2} \tag{5-18}$$

如果承包商与投资人是纵向一体化的，那么承包商必会选择 j^* 为最佳投资点，不会出现偷工减料或利用信息不对称进行恶意索赔等自利性机会主义行为。但实际由于有政府的参与，投资人和承包商无法达到纵向一体化，这使得双方在选择自身的决策问题时，往往只从自身利益最大化出发，承包商有可能发生机会主义行为，更不会选择 j^* 作为其最佳投资点。下面我们用逆推归纳法在一次性合作的 Stackelberg 博弈中求解。

投资者先依据 z 和期望产值 Q，从整体效益最大化的角度出发，给出承包商在此种情况下认为是最佳收益的每平方米价格 P，承包商依据 P 会决定其投资水平为 j。

此时投资者与承包商的整体收益函数：

$$F = \left(j - \int_a^k G(x)\mathrm{d}x \right)(p - c_2) - c_1 j \tag{5-19}$$

令 $\frac{\partial F}{\partial j} = 0$，得

$$G(j') = 1 - \frac{c_1}{p - c_2} \tag{5-20}$$

比较式（5-18）和式（5-20）发现当且仅当 $p = z$ 时，$G(j^*) = G(j')$。

观察可知，投资者只有把自己的全部利益给承包商，承包商的投资水平才会使得 PPP 项目的整体效益最大。因此，在一次性的合作模式下，当投资者和承包商只有一个参与者时，承包商的投资水平会低于从整体利益最大化角度出发的最优投资水平，此时承包商如果能提高投资水平，PPP 项目整体效益也会随之提高。

5.4.2.2 多阶段关系契约博弈模型

承包商的机会主义行为可以通过关系契约治理得到解决，引入关系契约的未来合作价值后，即多阶段合作博弈，双方有可能均会获取预期收益。下

面来证明关系契约的未来合作价值和负激励机制对博弈均衡解的正面影响。

假设投资人与承包商事先约定每平方米价格 p 和双方合作行为的重复发生次数 n。由于承包商在项目中的动态投资过程存在机械设备、专业技术管理水平等方面的折旧，因此假设承包商动态投资的折旧因子 $\varepsilon \in [0,1]$。为了简化模型，假设承包商期末的剩余残值为 0，承包商的初期投资为 j，以后各期投资为 εj，因此期末承包商的总投资为：

$$j + (n-1)\varepsilon j \tag{5-21}$$

假设每一阶段投资人的需求产值不变，则项目总产值为：

$$Q = n\left(j - \int_a^j G(x)\mathrm{d}x\right) \tag{5-22}$$

项目整体效益可以表示如下：

$$F = n\left(j - \int_a^j G(x)\mathrm{d}x\right)(z - c_2) - c_1 j + (n-1)\varepsilon j \tag{5-23}$$

对式（5-23）求一阶导得：

$$G(j^*) = 1 - \frac{c_1(1 + (n-1)\varepsilon)}{n(z - c_2)} \tag{5-24}$$

现将数值带入函数来对不含负激励机制的长期关系契约和含有负激励机制的效果进行直观的描述。假设需求函数是指数分布（不代表实际需求分布），即 $g(x) = e^{-x}$，$G(x) = 1 - e^{-x}$。给定模型参数基值如表 5.1 所示。

表5.1　模型参数基值

c_1	c_2	c_3	ε	p	z
4	3	3	0.5	6	10

多阶段关系契约下整体最佳投资水平与承包商投资水平通过式（5-24）可以得出：

$$j^* = \ln\frac{7n}{2 + 2n} \tag{5-25}$$

将 $n = 0;1;5;10$ 分别带入式中，得出 j^* 如表 5.2 所示。

表5.2   多阶段关系契约模型数值计算

n	0	1	5	10
j^*	0	0.56	1.1	1.2

结果表明随着合作次数 n 的增加，PPP 项目整体的最佳投资水平和承包商的投资水平 j^* 随之增加，但仍达不到项目整体效益最大化的投资水平。

5.4.2.3   基于负激励机制的关系契约模型

上述论证结果表明，承包商出于对自身利益最大化的考虑，往往选择低于项目整体最优的投资水平，预计未来合作次数增加只会相应提高承包商的投资水平，却无法达到最优，因此承包商还是有可能出现"偷工减料"及"偷懒"行为。实际上在政府与私人投资者长期合作的过程中，除了需要为承包商提供正激励对承包商投资水平的提高发挥作用，还要运用负激励机制来协同治理。

PPP 项目关系契约自我实施机制的触发机制是：一旦其中一方产生有悖于关系契约的机会主义行为，则需要对其进行惩罚来使其产生机会主义行为得到的收益总是小于履约带来的收益，因此需要设计一个包含负激励机制的多阶段关系契约博弈模型。在这个包含负激励机制的模型下，承包商能够从项目整体效益最大化的角度出发，选择最佳投资水平。

假设承包商发生机会主义行为导致项目利益损失的每平方米惩罚成本是 c_3，得出单阶段总利益损失的惩罚成本：

$$C = c_3 \left(\int_j^b g(x)(x-j)\,dx \right) = c_3 \left(b - j - \int_j^b G(x)\,dx \right) \tag{5-26}$$

合作周期内总的缺失数量惩罚成本：

$$C' = nc_3 \left(b - j - \int_j^b G(x)\,dx \right) \tag{5-27}$$

承包商的期望收益：

$$F_2 = n\left(j - \int_a^j G(x)\mathrm{d}x\right)(p - c_2) - c_1\left(j + (n-1)\varepsilon k\right) - C'$$ （5-28）

对式（5-28）求一阶导得：

$$G(j') = 1 - \frac{c_1(1 + (n-1)\varepsilon)}{n(p + c_3 - c_2)}$$ （5-29）

比较式（5-29）和式（5-24）得出当 $p + c_3 = z$ 时，承包商选择使整体收益最大的投资水平作为自身的最优投资水平，进而实现了项目利益与自身利益的统一。

根据上述分析可以得出，在投资人与承包商合作初期，双方对另一方的信息了解不足会产生相互猜疑的行为，双方的资产专用性投资水平都比较低。随着交易的进行以及交易次数的增加，对方在合作中的积极表现会不断地增强合作信心和对合作伙伴的信赖，因此投资水平会逐渐提高，抵消了由于信息不对称引发的双方间的不信任。

该结论验证了关系契约对承包契约治理思路的正确性，合作周期的增加意味着双方产生的未来合作价值，未来合作价值会使得投资人的利益、承包商的收益和项目整体效益都有所增加；同时证明了设置负激励机制能够起到约束作用，在一定程度上杜绝了承包商的机会主义行为，增加了 PPP 项目的整体效益。

第6章　实证分析
——以契约治理在泉州刺桐大桥项目的实践为例

6.1　案例选择

6.1.1　选择理由

交易成本－镶嵌架构最显著的特征在于关系性质的引入，而 PPP 项目的治理主体便是基于公私合作伙伴关系，所以需选择一个在关系治理过程中具有典型代表性的项目作为本书的实证案例。泉州刺桐大桥项目是我国国内首例引入 BOT 合作模式的项目，选择这个项目作为本书的实证案例，原因有以下 3 点。

①项目采用的 BOT 模式是 PPP 模式中普及程度最高的合作方式，以 BOT 模式作为案例，分析结果具有较高的实践价值。

②项目中的私人部门是泉州市名流实业股份有限公司，这是一家民营企业股份公司，既无国资背景，可使公私合作关系分析过程中更加明朗与简单，也无外资背景，更适用于交易成本－镶嵌架构中对中国关系连带的定义。

③项目在建设期表现出了 PPP 项目应有的高效高质特征，在运营期也出现了公私竞争、收费等多方面的争议，分析项目的关系网络对 PPP 模式中伙伴关系的治理具有警示意义。

6.1.2　项目概况

泉州刺桐大桥位于福建省泉州市晋江市，它的建设主要是为了缓解市内的交通拥挤和过桥困难问题。当时横跨晋江的大桥只有泉州大桥一座，并且每昼夜通车量为 24000 辆，这远远超过了其 5000 辆的设计荷载值，运行严重超负荷，因此引起的交通瘫痪也成为泉州市南北交通和国道 324 线的"拦路虎"。这样的路况在厦门机场建成并正式运营后更是雪上加霜。为此，1994 年初，泉州市政府决定在晋江再修建一座跨江大桥，即泉州刺桐大桥，但由于财政资金紧张，政府在付给设计单位 200 万元设计费后，就不得不暂时搁置，虽然当时有 5 家外资企业有投资与合作意向，但提出的合作条件非常严苛。此时，泉州市名流实业股份有限公司董事长受香港海底隧道投资建设模式的启发，向市政府提议以 BOT 公私合作模式来建设运营刺桐大桥，并表示愿意不带任何附加条件与政府合作，态度诚恳。

1994 年 3 月，泉州市委常委会研究决定，由名流公司牵头组建 SPV 公司作为项目业主。SPV 公司应实行股份制和业主责任制，采取多种融资方式筹集资金。1994 年 5 月至 10 月，泉州刺桐大桥投资开发有限公司（SPV 公司）成立，注册资本 6000 万元。1994 年 10 月 5 日，泉州市政府下发了一纸红头文件《关于泉州刺桐大桥及其附属工程建设的通知》（泉政〔1994〕综 190 号文，以下简称《通知》），正式将项目建设和运营特许权授予名流公司。

项目施工建设采用工程施工总承包方式，设计单位为已完成设计图纸的福建省交通规划设计院，公开招标选择交通部第二航务局为施工单位，铁道部大桥建设监理公司为监理单位，政府监督者为福建省交通基本建设工程质量监督站。

项目开工日期为 1995 年 5 月 18 日，大桥全长 1.53 千米，宽 27 米，接线公路 2.285 千米，匝道 2.4 千米，主桥桥型为 90+130+90 连续钢架预应力桥，桥面并列 6 车道，设置中央绿化分隔带，桥下可通行 500 吨级海轮。工程质量全优，节省工期 1 年 4 个月，项目总投资 2.5 亿元。

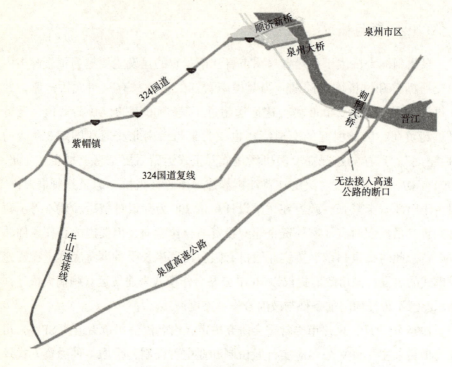

图6.1 泉州刺桐大桥位置

Fig. 6.1 Location map of Quanzhou Citong Bridge

大桥于1997年1月1日正式投入运营，运营后，车流量逐年递增，从1997年的2371万辆到2006年的8100万辆。在社会效益方面，大桥成为了连接泉州市内三大经济中心晋江、石狮和鲤城的交通枢纽，成功分流国道324线过境车辆，降低泉州大桥负荷，改善晋江南北岸交通，并促进了晋江南岸的经济发展。

但超出政府预期的是，项目运营后，大桥的投资回报率远远高出预期，这与政府和公众的利益产生矛盾，政府在运营支持方面也降低了力度，名流公司之后申请的若干配套建设项目在审批时被搁置。

除此之外，1997年泉州大桥的收费管理权由福建省政府移交至泉州市政府，泉州大桥与刺桐大桥的经营形成了竞争关系，由此也影响了泉州市政府与名流公司的公私合作伙伴关系。之后，"顺济新桥""笋江大桥""后渚大桥""晋江大桥""黄龙大桥""田安大桥"相继建成运营，均在一定程度上影响了刺桐大桥的车流量。2013年，刺桐大桥的车流量已降至4200万辆。

2004 年 11 月正式实施的《收费公路管理条例》（以下简称《条例》）规定，东部地区经营性公路收费期限不得超过 25 年。而刺桐大桥的运营期为 30 年，减去建设期后依然超出规定年限。2011 年，交通运输部、国家发改委、财政部、等部门联合下发通知，要求坚决撤销收费期满的收费项目，自此，上述 8 座大桥中仅剩刺桐大桥还在收费，这使得关于刺桐大桥取消收费的呼声越来越高。

关于收费问题，名流公司表态若要取消收费，经营期至 2025 年，之后政府必须完成回购，回购费用将是一笔很大的资金，故还未将项目回购提上日程 [77-82]。

6.2　刺桐大桥项目契约治理的分析与评价

6.2.1　契约体系的分析与评价

对照第 4 章表 4.1 所示的关键过程，分别分析和评价刺桐大桥项目契约体系中的正式契约与显性社会契约、关系契约、隐性社会契约、心理契约。

6.2.1.1. 正式契约与显性社会契约

（1）政策法律与前置审批文件

①《收费公路管理条例》；

②《泉州大桥征收过桥费暂行办法》[83]；

③《关于开展收费公路专项清理工作的通知》（交公路发〔2011〕283 号）[84]；

④《关于申请泉州刺桐大桥（含泉州到石狮公路）建设项目的报告》；

⑤《泉州市名流实业股份有限公司投资建设及经营刺桐大桥（含泉州至石狮公路）项目的初步可行性研究报告》；

⑥《泉政〔1994〕综 190 号文件＜关于泉州刺桐大桥及其附属工程建设的通知＞》[85]；

⑦《泉政〔1994〕综231号文件》（批准刺桐大桥及其附属工程的项目方案）；

大桥可行性研究、建设勘察、造价、规模与技术标准确定和征地等前置审批文件。

6.2.1.2 SPV投资协议

为了筹建大桥，1994年5月至10月，由名流公司与政府授权投资的福建省交通建设投资有限公司、福建省公路开发总公司、泉州市路桥开发总公司按60：15：15：10的出资比例成立了"泉州刺桐大桥投资开发有限公司"（以下简称"刺桐大桥投资公司"），公司注册资本为6000万元。公司具有独立的企业法人资格，依法独立承担民事责任。项目投资者在合资协议的基础上组成了四方代表参加的最高管理决策机构董事会，董事会负责项目的建设、资本注入、生产预算的审批和经营管理等一系列重大决策，董事会拥有成员7名，名额按出资比例分配，名流实业股份有限公司占了4席。

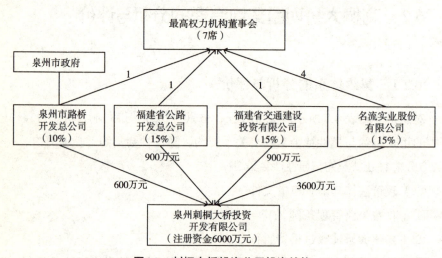

图6.2　刺桐大桥投资公司投资结构

Fig. 6.2　The investment makeup of Citong Bridge Investment Company

项目的四方直接投资者所选择的融资模式是项目投资者直接融资，并且直接承担起融资安排中相应的责任和义务。资金不足部分由四方投资者分别筹措，根据工程进度分批注入，大桥运营后的收入所得，根据与贷款银行之间的现金流量管理协议进入贷款银行监控账户，并按照资金使用优先顺序的原则进行分配，即先支付工程照常运行所发生的资本开支、管理费用，然后按计划偿还债务，盈余资金按投资比例进行分配。

6.2.1.3　政府特许权合约

《泉政〔1994〕综 190 号文件 <关于泉州刺桐大桥及其附属工程建设的通知 >》是泉州市政府下发的一份红头文件，其作用相当于特许经营权合约。由于民营企业名流公司表态将会无条件合作，这使得在合约的制定方面，泉州市政府拥有绝对的权力，但由于政府对 PPP 项目没有清晰的认识，未有过类似的经验，在投资回报率等方面没有作出应有的限制性条款。合约的内容主要有以下几个方面：①批准刺桐大桥投资开发有限公司建设开发和经营大桥，给予建设用地许可；②允许刺桐大桥投资开发有限公司进行附属公路（南接线公路，长 2.3 千米）的开发和经营以及征地许可；③刺桐大桥投资开发有限公司根据与市政府的协议制定的收费方式及收费标准对刺桐大桥使用者进行收费；④泉州市财政局出具泉州刺桐大桥工程还贷承诺书；⑤特许合约期为 30 年（含建设期），在特许权协议终止时，政府将无偿收回大桥及附属公路，但刺桐大桥投资开发有限公司应保证政府得到的是个正常运转并保养良好的工程。

6.2.1.4　银行贷款合约

由于政府在特许经营权协议中还提供了还贷承诺书，大桥运营期的收费机制也保证了项目的盈利能力，银行经评估后认为项目公司有足够的贷款偿还能力。因此，刺桐大桥项目安排了一个有限追索的项目融资结构，大桥项目总投资 2.5 亿元人民币，其中名流公司投入近 1.5 亿元，而名流公司自有资金只有 3600 万元，银行贷款 1.2 亿元，偿还期 5~8 年。银行在贷款协议中写明须设立项目收益的监控账户，以保障债权人的权益，因而项目的收益和分配都将通过相应的银行进行监管。

6.2.1.5　信用保证合约

①政府对项目征地、建设方案、可行性研究等立项文件的审批优惠；

②泉州市财政局出具的泉州刺桐大桥工程还贷承诺书；

③刺桐大桥投资开发有限公司对项目投保建筑工程一切险（包括第三方责任险），将建设期间可能发生的意外损失与风险转移给保险公司承担；

④大桥采用了严格的招投标竞争机制，聘请铁道部大桥建设监理公司担

当监理，中标的交通部第二航务工程局承担施工，工程承包公司向大桥投资开发有限公司递交工程履约担保，把施工期间的完工风险转移给了承包公司。

6.2.1.6 工程建设及监理合约

为了保证工程质量，大桥的建设采用工程施工总承包的方式，并实行严格的招投标竞争机制，邀请实力雄厚的施工单位来投标。最后中标单位为交通部第二航务工程局，同时由铁道部大桥建设监理公司担当监理，为了进一步保证预定工期计划的完成，刺桐大桥投资公司与工程承包公司签订了工程履约担保和一个带有奖惩条款的工期协议，双方约定建设期为 18 个月，提前一天奖励 200 万元，推迟一天罚款 200 万元，这样，项目建设的完工风险就转由工程承包公司来分担。

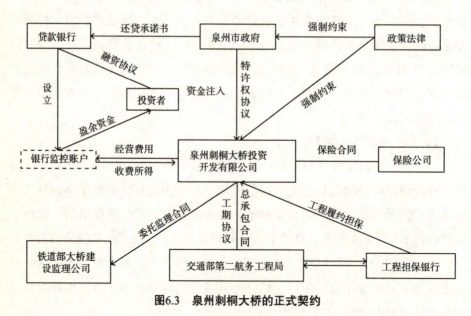

图6.3　泉州刺桐大桥的正式契约

Fig. 6.3　The formal contracts in Quanzhou Citong Bridge project

综上，在正式契约方面，无论是政府还是私人部门，均没有委托专门的咨询单位为 PPP 项目提供专业服务，以至于前期既没有对项目应用 PPP 模式做可行性分析，又没有对 PPP 模式中的风险进行识别和分配，双方在"摸着石头过河"中"走一步算一步"，这也为事后留下了许多隐患。尤其是直接涉及交易双方利益关系的特许经营合约，前期的时代局限性导致契约制定得不规范，而在后期出现环境不适应时双方也没有采取后评价方法找出问题，进而启动重新谈判以解决问题，导致项目产生了极大的内耗。在其他辅助合约方面，还款担保没有法律效力也是导致失信的原因之一，名流公司与施工总承包单位签订的工期协议激励效用明显。

在显性社会契约方面，当时改革开放初期的开明政策催化了刺桐大桥项目以公私合作方式进行，福建省与泉州市政府相关领导对公共项目引入社会资本表示大力支持。但 PPP 项目相关法律法规的缺乏增加了名流公司的交易风险、成本和运营阶段的不确定性，刺桐大桥项目当时凭借一纸《通知》就决定了长达 30 年的合作关系，在没有专门 PPP 法律与完整的契约保护下，名流公司承担了额外的风险与成本。

6.2.1.7　关系契约

在私企的选择阶段，可选择的企业只有名流公司一家，无市场环境可促进竞争机制和声誉机制的运作。泉州市政府在事前的伙伴选择中既没有发布信息，也没有制定评价与选择标准，没能发挥 PPP 模式下市场竞争机制的作用，这导致双方在信息不对称的情况下就建立了合作关系。

在双方谈判阶段，由于名流公司所持的无条件态度，使其失去了在特许经营权合约等方面的谈判筹码，没有形成信息共享平台建立的条件，这使得政府与私企的权力地位产生差距，争端解决依靠私人企业的申请和公共部门的批准，或者公共部门下达指令和私人企业的无条件执行。

在建设与运营阶段，极其简单的特许权协议没有对双方事后构成强有力的约束，在政府与私人企业的关系磨合过程中，双方没有任何谈判和协商的依据，且双方都是第一次尝试公私合作模式，对工作惯例和认知都不统一，且没能形成平等、互助、协作的合作氛围。

在关系契约方面，名流公司积极合作的态度值得肯定，但完全舍弃附加条件的做法有失妥当，这也导致了双方的合作关系在地位上成为了层级关系，这种非正常状态导致前期契约的制定演变成指令，后期的协商演变成申请与批准。同时，拥有公权力的政府在整个过程掌握较多信息，这种信息不对称使得名流公司对项目的控制权仅仅局限在项目本身，一旦环境发生变化，风险多被转移至名流公司承担。

6.2.1.8　隐性社会契约

在私企的选择阶段，名流公司的股份背景来源包括泉州市名流联谊会、福建恒安集团、泉州元鸿集团、泉州匹克集团、福建省中行信托投资公司等15家有经济实力和社会影响力的大型企业，社会责任履行记录良好。在选择初期，政府考虑项目的社会福利性质保持谨慎态度，但名流公司表达了足够的坦诚态度，促进了双方互利合作氛围的形成。

在双方谈判阶段，私人企业并没有参与到特许权协议的制定上去，使得事后企业对许多环境变化导致的利益受损没有申诉渠道。泉州市政府的态度也使得 SPV 在股份构成上决策反复。

在建设阶段，泉州市政府在项目审批阶段提供了优惠政策。名流公司也利用其高效的工作方法及经验，激励与监督并用，明确奖罚措施，缩短了工期，保证了质量。SPV（名流公司掌握控制权）为避免在重大问题上出现决策失误，在大桥工程议标、材料采购、施工质量检查等方面全面公开化，自觉接受市监察、审计部门的监督，社会效益良好。

运营阶段，泉州市政府受环境的变化，双方的关系从合作变为竞争。后期双方迟迟未协商适应"取消收费政策"的方案。

在隐性社会契约方面，值得肯定的是泉州市政府与名流公司都具有高度的契约精神，双方均按照规则来维护自己的利益，没有出现任何违约行为。但对于泉州市政府与名流公司来说，在公私合作方面都经验不足，也未对合作关系产生足够的重视，交流与协商中的团结、协作、弹性的关系性规则都未能形成，这导致在正式契约产生不适成本时，合作关系不仅没能辅助正式契约更好地适应环境，进入了僵持的状态。

6.2.1.9　心理契约

由于当时 PPP 模式的普及程度还不高，也没有健全的法律保护和政策引导，双方决策层都未对员工进行 PPP 项目的相关培训，员工对项目由政府投资到公私合作并没有积极的感知态度。项目建设实行"五制"，责任到人，并且在施工招标阶段，SPV 在纪律检查委员会、监察委员会、交通部门、法院、检察院公证下，承诺项目自上而下没有任何员工会向施工单位要一分钱的回扣，但要求施工单位必须保证质量和工期，这使得应标单位皆下调 5% 报价，同时对员工进行了报酬激励和道德约束。SPV 请落标的铁道部大桥建设监理公司单位当监理，与施工单位分属不同单位，可给与最大信任，这也使得监理单位有一定的自主权。

在心理契约方面，泉州市政府与名流公司内部员工对组织均有较好的认同感与归属感。由于员工是契约的制定者、执行者和监管者，其绩效直接影响项目的绩效，但对合作阶段的"转移"感知程度并不高，员工也没有真正理解 PPP 模式中的合作关系，这对项目的合作效率的提高也产生了消极影响。

6.2.2　关系调节机制的分析与评价

6.2.2.1　交易双方的行为表现

刺桐大桥项目中的公私关系由合作关系到利益竞争关系，再到现阶段的矛盾得不到有效解决，除了受到前期契约不完善无法适应事后交易环境变化的影响外，公私双方表现出的合作态度及行为也是关键的影响因素。通过对几个关键过程的识别，将交易双方各自的行为表现梳理如下。

（1）公共部门

泉州市人民政府为项目的公共部门，同时也是项目的发起人，在项目前期运作、建设和运营等阶段中主要有以下几个方面的表现。

①在项目立项与可行性研究阶段，市政府出于缓解交通压力的目的发起项目，良好的社会效益是基本目标。完成了征地程序和项目的设计。当时正处于改革开放初期，政府对社会资本还持谨慎的态度，采用 BOT 模式，除了名流公司坦诚的态度以外，省委与市委领导班子的支持也是促成国内首例PPP 项目的重要因素。1994 年 3 月，市政府批准名流公司牵头组建 SPV。

②在组建 SPV 阶段，市政府购买了 40% 的股份。之后，市政府领导班子调整，新领导班子对 BOT 模式持不同态度，决定从项目中撤股，之后协商保留 10% 的股份，剩余 30% 的股份则由福建省交通运输集团有限公司和福建省公路开发总公司各持 15% 的份额。

③在寻求银行贷款阶段，市计委协助 SPV 公司顺利向国家计委申请了贷款规模。政府为银行贷款提供担保《泉州刺桐大桥工程还贷承诺书》（但担保法规定国家机关不能作为担保人，故担保合同无效）。

④在授予特许经营权协议阶段，1994 年 10 月 5 日，市政府下发了《通知》，正式批准刺桐大桥以 BOT 模式运营。

⑤在项目建设审批阶段，1994 年 11 月 23 日，市政府下发了泉政〔1994〕综 231 号文件，批准了刺桐大桥及其附属工程的项目方案。泉州市交通局主持召开了"泉州刺桐大桥初测验收会"。在政府的协助下，55 道相关审批程序在 8 个月内全部完成。

⑥在项目建设阶段，市监察和审计部门对项目施工单位进行了招投标，对施工过程和项目管理实行监督。

至此，公共部门对刺桐大桥项目还保持一贯的支持态度。

⑦在项目运营阶段，1997 年，泉州市政府作为泉州大桥收费管理者后（根据《泉州大桥征收过桥费暂行办法》，已收回建设期投资的泉州大桥不可再收费），与 SPV 公司成为竞争关系，未准许 SPV 公司申请的刺桐大桥与相距仅 300 米的泉厦高速相连接项目。与此同时，泉州市政府投资 1.3 亿元修建了长达 10 多千米的牛山连接线，连接泉州大桥与泉厦高速。1998 年年底，投资 5800 万元，修建"顺济新桥"和"笋江大桥"，与泉州大桥平行并统一收费。强行拆除 SPV 公司在大桥两侧管辖范围内自设的广告牌，并且未批复 SPV 公司关于广告经营权和配套服务设施经营权的申请。

（2）私人部门

名流公司是项目中社会资本的出资人，是由泉州市名流联谊会、福建恒安集团、泉州元鸿集团、泉州匹克集团、福建省中行信托投资公司等 15 家有经济实力和社会影响力的大型企业共同发起成立的股份制企业。在项目前期运作、建设和运营等阶段中主要有以下几个方面的表现。

①在项目立项和可行性研究阶段，积极与政府沟通，并得到省委省政府和市委市政府领导班子的高度支持。1993 年底，名流公司委托交通部公路规划设计院和交通部第一公路工程总公司编制了《关于申请泉州刺桐大桥（含泉州到石狮公路）建设项目的报告》和《泉州市名流实业股份有限公司投资建设及经营刺桐大桥（含泉州至石狮公路）项目的初步可行性研究报告》。名流公司对刺桐大桥的设计方案向社会公开征集建议书。

②在组建 SPV 阶段，1994 年 3 月，得到了政府批准组建 SPV，名流公司购买了 60% 的股份。政府决定撤股后，与市政府协商，并寻求省政府帮助，最终得到省交通厅和省公路局对股份的认购。

③在寻求银行贷款阶段，在市政府的协助下申请到国家计委贷款规模。

得到工商银行、兴业银行和民生银行的贷款。

④在授予特许经营权协议阶段，履行"不带任何附加条件与政府合作"承诺，被动接受政府下达的《通知》。

⑤在项目建设审批阶段，提交刺桐大桥及其附属工程的项目方案并获批准，在政府的协助下在8个月内完成55道相关审批程序。

⑥在项目建设阶段，完成施工单位招标工作，监理单位委托工作。与施工单位签订工期协议，明确奖罚规则，项目在预定工期18个月内完成，工程质量全优。

⑦在项目运营阶段，申请的刺桐大桥与泉厦高速连接项目未获批，于大桥两侧管辖范围内自设的广告牌，申请广告经营权和配套服务设施经营权未获批。1998年，投资4360万元建设刺桐大桥连接线324国道复线公路6.3千米。2006年，投资7867万元建设刺桐大桥连接沿海大通道陈泉公路段刺桐大桥南互通工程项目。向市政府有关部门请求调升收费标准，但未得到回复。

至此，名流公司再未获得类似项目。

6.2.2.2　关系调节机制

通过对双方行为的梳理，可按照决策前的信任与权力选择和决策后的监督与激励机制整理双方在公私关系治理中的关系调节方法。

（1）交易双方在关键过程中的信任与权力选择

将关键过程中的事前、事中、事后进行过程细化，分别就双方的行为判断出其在决策前为降低不确定性所选择的信任与权力的比例。如3.1.2节中所述，关系只被分为信任与权力两类，且二者具有相互替代的关系，此时可将信任与权力看做近似零和博弈，表6.1描述了交易双方在关键过程中的信任与权力选择结果。

表6.1　交易双方在关键过程中的信任与权力选择

Table6.1　The counterparty's selection between trust and power in the key process

治理方法 关键过程	泉州市政府		名流公司	
	信任	权力	信任	权力
项目立项与可行性研究	因名流公司商誉与态度给予能力与意愿型信任	基于自身的资金压力和名流公司的无条件合作承诺给予计算型信任	因政府的公信力和福建省与泉州市政府领导的支持给予意愿型信任	基于香港地区PPP项目的投资回报率推算项目未来收益,给予计算型信任
组建SPV	基于股东协议的契约型信任	利用自身权利高位要求变更股份	基于协商和股东协议的契约型信任	按投资比例设立董事会保证对项目控制权
项目融资	协助名流公司申请国家贷款规模,主动进行意愿型社会交换	基于泉州大桥收益情况为SPV融资做担保,给予计算型信任	出于对政府的意愿型信任,积极与泉州市政府协商融资流程	利用政府协助的便利条件和政府出具的还贷承诺帮助企业融资
特许权合约	基于《通知》的强制性与名流公司的商誉和态度给予其契约型信任与意愿型信任	名流公司无条件合作承诺在先,在《通知》的条款制定过程中,本就作为公权力机构的政府拥有更大的谈判空间	基于政府对政策的趋向性、对法律法规的敬畏和政府的信誉,给予泉州市政府契约型信任和意愿型信任	得到政府合作意向,成立SPV并融得资金,提升了政府对其依赖度,在项目审批和政策优惠方面取得更多的谈判筹码
项目建设	基于名流公司的实力与特许权合约给予的能力与契约型信任,并给予配套条件支持	市监察和审计部门对项目施工单位进行招投标,对施工过程和项目管理实行监督	高效完成项目审批与招投标工作,遵守合约并节约工期16个月,保证工程质量全优	依据契约要求市政府在项目审批和施工期间给予配套条件支持,有一定谈判筹码
项目运营	给予特许权合约的契约型信任	利用权力占优减弱刺桐大桥的收益,并施加"建设增项"	给予特许权合约的契约型信任	利用特许权合约的不完备取得高额收益,降低了其社会效益

（2）交易双方在关键过程中的激励与监督机制

在契约体系的设计以及各个契约的制定、执行和实现过程当中，项目的发起人泉州市政府没有设计有效的激励机制来规范私人部门的行为，尤其是在项目的社会效益激励方面，名流公司在运营期间的高投资回报率在无法收到契约的强制约束时，大桥的社会福利性被减弱。

泉州市政府在合作过程中扮演了多重角色，既是项目的发起人、投资者，又是项目的拥有人和监管者。因此在项目的建设与运营的监管过程中，泉州市政府使用了监察者的权力，且决策机制不够公开、透明。

名流公司在合作过程中一直处在权力低位，虽然在协商与谈判过程中坦诚的态度一度取得政府的信任，并得到政府在政策与审批方面的优惠，但由于没有第三方的监管机制，在市政府强势要求撤股和申请"建设增项"时，也只能选择接受或申请协商。

根据双方在交易过程中的行为表现，分析该项目的公私关系演变过程，可以看出交易双方没有有计划有策略地建立友好的合作伙伴关系，也没有实行高效的激励与监督机制，这导致双方在交易过程中环境变化，没能积极地协商以寻找适应办法。

综上，表 6.2 将案例中交易双方的契约治理过程与表 6.1 中的关键过程作对比，可使评价结果更加清晰，并为下节相关建议的提出做铺垫。表中交易双方在关键过程中的工作完成水平被划分为 3 个档次。①低，表示的区间为 [工作完全未开展或开展一小部分，或工作开展但取得成效微小]；②中，表示的区间为 [完成了基本工作内容，或完全完成工作但取得的成效一般]；③高，[完全完成所有工作内容，或工作完成取得了较高成效]。

表6.2　交易双方在关键过程中的工作完成水平

Table6.2　The level of counterparty's completing work in the key process

		A.事前工作完成水平		B.事中工作完成水平		C.事后工作完成水平	
1.资产专属性	FC	A1F.1	低	B1F.1	中	C1F.1	中
		A1F.2	低	B1F.1.1	高	C1F.2	高
		A1F.3	低	B1F.1.2	低	C1F.3	低
		A1F.4	低	B1F.1.3	中	C1F.4	低
		A1F.5	中	B1F.1.4	中	C1F.5	低
				B1F.1.5	低		
		——		B1F.2	低	——	
				B1F.3	高		
	RC	A1R.1	低	B1R.1	低	C1R.1	低
		A1R.2	中	B1R.2	高	C1R.2	高
		A1R.3	中	B1R.3	低	C1R.3	低
	SC	A1S.1	中	B1S.1	中	C1S.1	低
		A1S.2	低	B1S.2	中	C1S.2	低
		A1S.3	中	B1S.3	低	C1S.3	低
	PC	A1P.1	中	B1P.1	低	C1P.1	中
		A1P.2	中	B1P.2	中	C1P.2	低
2.交易频率	FC	A2F.1	低	B2F.1	中	C2F.1	高
		A2F.2	低	B2F.1.1	低	C2F.2	中
		A2F.3	中	B2F.1.2	中	C2F.3	低
		A2F.4	低	B2F.1.3	中	C2F.4	低
		A2F.5	高	B2F.1.4	中	C2F.5	低
				B2F.1.5	低		
		——		B2F.2	中	——	
				B2F.3	高		
	RC	A2R.1	低	B2R.1	低	C2R.1	高
		A2R.2	中	B2R.2	高	C2R.2	中
		A2R.3	中	B2R.3	低	C2R.3	低
	SC	A2S.1	中	B2S.1	中	C2S.1	低
		A2S.2	低	B2S.2	低	C2S.2	低
		A2S.3	低	B2S.3	低	C2S.3	低
	PC	A2P.1	中	B2P.1	低	C2P.1	中
		A2P.2	中	B2P.2	低	C2P.2	中

		A.事前工作完成水平		B.事中工作完成水平		C.事后工作完成水平	
3.环境及行为风险	FC	A3F.1	低	B3F.1	低	C3F.1	中
		A3F.2	中	B3F.1.1	高	C3F.2	中
		A3F.3	低	B3F.1.2	中	C3F.3	中
		A3F.4	低	B3F.1.3	低	C3F.4	低
		A3F.5	中	B3F.1.4	低	C3F.5	低
				B3F.1.5	中		
		—		B3F.2	低	—	
				B3F.3	中		
	RC	A3R.1	低	B3R.1	低	C3R.1	低
		A3R.2	中	B3R.2	高	C3R.2	高
		A3R.3	低	B3R.3	低	C3R.3	中
	SC	A3S.1	中	B3S.1	中	C3S.1	低
		A3S.2	低	B3S.2	低	C3S.2	低
		A3S.3	中	B3S.3	低	C3S.3	低
	PC	A3P.1	中	B3P.1	低	C3P.1	中
		A3P.2	中	B3P.2	低	C3P.2	低

案例项目属于高资产专属性项目，交易次数为一次，环境较为复杂，尤其是权力关系不对称，信息共享程度低，行为风险较大，在此交易性质与关系性质下，项目的契约治理并未能有效降低项目存在的不确定性，表 6.2 中各个过程中完成水平的高、中、低决定了项目的契约治理能力所处的水平。数据经统计可得以下结果。

从治理过程角度看，事前，治理能力低下的工作占 46%，治理能力中等的工作占 51%，而较高水平完成的工作仅有一项，即内部管理制度。事中，治理能力低下的工作占 52%，治理能力中等的工作占 33%，较高水平完成的工作占 15%。事后，治理能力低下的工作占 59%，治理能力中等的工作占 28%，较高水平完成的工作占 13%。可见事前的契约治理工作在未能高水平完成的情况下，即使事中与事后进行了后续工作的补救，依然会对交易成本及关系性质造成一定程度的影响，所以事前应当作为契约治理中的关键阶段给予关注。

从治理要素角度看，在限制资产专属性方面，治理能力低下的工作占 47%，治理能力中等的工作占 32%，较高水平完成的工作占 11%；在保持交易次数稳定方面，治理能力低下的工作占 49%，治理能力中等的工作占 39%，较高水平完成的工作占 12%；在环境及行为风险治理方面，治理能力低下的工作占 55%，治理能力中等的工作占 38%，较高水平完成的工作占 7%。在三个要素方面，治理能力水平较为平均，且普遍较低。

从契约体系角度来看，在正式契约与显性社会契约方面，治理能力低下的工作占 49%，治理能力中等的工作占 38%，较高水平完成的工作占 13%；在关系契约方面，治理能力低下的工作占 52%，治理能力中等的工作占 26%，较高水平完成的工作占 22%；在隐性社会契约方面，治理能力低下的工作占 67%，治理能力中等的工作占 33%，较高水平完成的工作占 0%；在心理契约方面，治理能力低下的工作占 25%，治理能力中等的工作占 39%，较高水平完成的工作占 36%。在契约体系方面，心理契约完成的水平较高，这是基于双方较为成熟的内部管理制度，而隐性社会契约完成的水平较低，这也使得双方未能维持一个长期稳定的友好关系。

6.3 案例的相关建议

6.3.1 契约体系的角度

6.3.1.1 以收益与风险管理为核心的正式契约再造

由于刺桐大桥项目属于国内资本参与公共项目的首例，既没有清晰的法律框架作支撑，也没有项目经验可借鉴，以特许经营合约为核心的正式契约普遍不完备，尤其是对于经营收益和风险管理范围未做任何实质性条款规定，而这正是项目在经营阶段出现困境的原因。解决问题的办法有很多，如缩短收费年限并给予名流公司相应补偿，参考物价水平合理提高收费或给予补助，政府提前回购等。尽管存在诸多的问题，但刺桐大桥作为具有"示范"效应的公共项目，在保持了 PPP 模式的基本框架，善始善终地完成了项目完整流程等方面具有更加积极的意义。因此，本书建议公私双方可启动再谈判机制，在借鉴国内外领域类似项目经验的基础上，重点就以下两个方面进行磋商，以期形成一份高质量的中期补充合约以覆盖项目未来的整个存续期。

（1）动态的利益调节机制

刺桐大桥项目具有两个看似矛盾对立的特征：一是作为公共项目，它具有高标准的社会福利性要求；二是作为特许经营类项目，又具有较强的垄断性，这极易为经营者带来可观的收益。这两个特征可以和谐共生的条件便是维持微利的经营状态，固定的收费价格易受环境影响而偏向于暴利或亏损，因此制定一个可以适应环境变化的动态调节机制是可取的方案。如以投资回报率为判断标准，设定一个合理的区间范围，投资回报率在这个区间范围内时，政府可不采取干预措施，正面引导激励名流公司的积极性；当投资回报率过高时，可采取降低收费标准或者政府提高分成比例的办法；当投资回报率过低时，可采取提高收费标准或者政府给予补贴的办法。这样的利益调节机制可以灵活地应对环境的变化，既不会让经营者轻易获得暴利，又可保证项目的正常运营。

（2）以控制力原则合理分配风险

对于现阶段可以预测到且在双方控制力之内的风险可依据对双方控制力的评估来分配风险。对于无法预测的风险和双方控制力之外的风险可选择由双方共同承担，具体承担比例可进一步协商。例如于2004年之后施行的《条例》规定了收费年限，刺桐大桥原定收费年限已不符合《条例》规定，属于政策风险，泉州市政府对此较有控制力，可按不适合该《条例》处理（由于刺桐大桥运营起始时间早于条例颁布时间），也可依《条例》执行，给予运营单位相应补贴（缩短的收费年限利益所得减去运营成本）。再如运营风险，刺桐大桥作为唯一的收费大桥竞争力较弱，车流量逐年下降，而运营成本逐年上升，这不仅需要名流公司提高其运营能力，积极开发辅助项目（例如324复线与泉厦高速的连接）以带动刺桐大桥的车流量，也需要政府在辅助项目上的行政审批，双方需要进一步协商，才能做到对运营风险进行科学合理的分担。

6.3.1.2 完善以法律法规等制度约束为主、稳定的政策导向为辅的显性社会契约框架

（1）制度建设以统一政府职能为重点，规范公权运用为关键操作点

PPP 项目合作期限长，契约结构复杂，若没有足够的制度保障，项目不仅在前期无法吸引社会资本的进入，后期运营也会因各种不确定性因素的干扰而失败。例如本案例中泉州市政府领导班子发生变动后，直接要求取消项目的财政资金投入，对项目的融资产生一定的影响；又如泉州大桥的收费权变更后，泉州市政府的合作态度发生重大改变，甚至决定采用牛山连接线方案而拒绝批准刺桐大桥与泉厦高速直接相连。除应有的 PPP 项目法律框架外，我国的制度建设应对政府在 PPP 项目中的职能履行作出约束，营造健康的、适合 PPP 模式生存的市场竞争环境，为契约治理提供必要的法律保障。现阶段我国财政部正联合其他部门积极出台相关文件，相关制度建设与完善还有很长的路要走。

（2）政策导向以引入充分的市场竞争为目标，长期支持而避免过度倾斜

政策导向是政府推动 PPP 模式发展的高效工具，但也是一把双刃剑，导向过度也会违背 PPP 模式的初衷，若未能长期支持而出现变动就更加会造成风险。从企业角度来看，尽管项目回报稳定，但周期长而利润微薄，风险较大，更没有完善的保障制度，要投入资本的顾虑还是有很多，然而 PPP 项目的成功在很大程度上依赖于市场竞争机制，社会资本的大量涌入才会引起促使竞争机制产生的效果，因此政策导向的出发点及最终目标应为使 PPP 模式充分发挥市场竞争机制的作用。与此同时，政策导向应长期稳定，这需要国家各个部门的协同配合，也需要地方政府的深入理解和灵活应用，如案例中《关于开展收费公路专项清理工作的通知》的下发，导致收费的刺桐大桥陷入了进退两难的困境，而泉州市政府应当起到疏导问题的作用。

6.3.1.3　以信任、共享、沟通等关系性规则为主的关系契约再造

泉州市政府与名流公司的关系契约建立经过了两个路径：一是项目已形成的资产专属性；二是因名流公司投资公共项目而形成的政企双边关系。既定的关系契约若得到科学合理的运用，一方面可促进双方相互信任，从而降低信息传递、收集和双方沟通交流的成本；另一方面有利于交易双方中具体工作执行者感知利益关系的相互性，从而使项目体自上而下形成联盟关系。而案例中双方显然没能利用关系契约治理促进刺桐大桥的合作效率，但彼此的信用记录良好，在项目交易的事前、事中、事后对契约的履行较为完全，少有违约现象，这是建立以信任为核心的关系契约的利好条件。现阶段应以

正式契约再造为契机，进行新一轮的关系契约再造，通过充分的协商和坦诚的交流，参考《政府和社会资本合作模式操作指南（试行）》中的关系协调机制，培养相互信任、信息共享、沟通交流的关系性规则，以创造、维护和促进泉州市政府与名流公司的和谐关系，进而协助正式契约提升项目的合作效率。

6.3.1.4 将契约精神、社会效益作为企业声誉、政府政绩的考核要素

这里的契约精神包含两方面的意思：一方面指公私部门，例如泉州市政府与名流公司，双方遵守交易规则和契约条例的意识；另一方面特指公共部门在建立、执行制度，制定政策时对市场的尊重，以及在公权力使用过程中对契约的尊重。就第一层面来讲，泉州市政府与名流公司在交易过程中拥有的契约精神是值得肯定的，几乎未出现违约现象；但就第二层面来讲，泉州公共部门在运营阶段对公权力的使用明显有失公平，虽未有违约，但出于地方财政利益的考虑，采取了不透明的决策过程，使得市场机制的作用没有得到有效发挥。

社会效益之于企业声誉来说主要指其社会责任的履行程度，而对于政府来讲，是其政绩的核心要素。名流公司出于利益追求，在刺桐大桥运营前期未考虑项目的福利性质，获取了较高的投资回报率，这也使泉州市政府陷入了两难的境地，很难再继续给予刺桐大桥运营实际的支持。因此将契约精神与社会效益作为企业声誉、政府政绩的考核因素，将有利于双方自觉维护既定的契约和公共项目的社会福利性，降低风险。

6.3.1.5 组织人员参加 PPP 相关知识的培训，强化公私部门人员对 PPP 项目的积极性"转移"感知

PPP 项目契约治理的执行者归根结底是人，只有增进政府各级部门、金融机构、民营企业人员对 PPP 项目的理解和认识，才能强化由传统建设模式到 PPP 模式的积极性"转移"感知，进而实实在在地贯彻落实契约治理的各项工作。本实证案例中泉州市政府和名流公司都是"第一个吃螃蟹的人"，部门中大部分人员对 PPP 模式并不了解，更不清楚其与传统建设模式的区别，只能在交易过程中不断摸索，也得到了许多教训，这对之后的契约再造，甚至是我国 PPP 模式的推广来说，具有积极意义。就刺桐大桥项目来说，深入有效的宣传和培训工作既能增进公私部门的合作共识，又可加强舆论引导，

提高公众对项目的认可度。从长远来看，经历过 PPP 培训与实践的人才将会形成一种专属性资产，将有利于专业化机构及人力支撑的形成，对今后 PPP 政策制定的规范化、交易流程的标准化、技术管理的专业化都有着深远的意义。

6.3.2 关系调节机制的角度

6.3.2.1 泉州市政府与名流公司基于合作伙伴关系的角色再定位

在公共项目的公私关系中，PPP 模式区别于传统建设模式的突出特征便是新型的合作伙伴关系。而从案例中双方的行为表现来看，PPP 框架下依然是传统建设模式，如特许经营合约尚未经过谈判与协商就由一纸红头文件代替等。这种现象并不利于 PPP 模式中市场机制作用的发挥，自上而下的决策体制决定了政府的优势地位，所以积极、平等、客观、理性的政府态度将在公私角色的重新定位中起到关键作用。

角色的再定位指的便是突破层级体制，依靠双方的契约连带形成一种合作伙伴关系，这时的公私部门主要扮演两个层次的角色：第一个层次是利益代表层次，泉州市政府为公众利益的代表人，而名流公司为企业利益的代表人，是项目建设主体，双方为长期的博弈关系，而泉州市政府因公权力占领控制高位，名流公司占领资产专属性高位，双方的谈判与协商是取得共赢的捷径；第二个层次是项目职能层次，泉州市政府为项目的委托人，拥有审批和监管职能，名流公司为项目的代理人，拥有建设和运营职能，双方保持公平、透明、讲诚信和持续互相为利的职能履行原则才能减少治理成本，提高治理效率。

6.3.2.2 善用信任，以弹性生产"弹性"；慎用权力，保留规范处理的空间

由表 6.1 可以看出，泉州市政府在交易过程的几个关键点中对权力的运用强度要远高于信任，且随着双方关系的恶化，权力控制范围越来越大，而名流公司在进入运营期后也由前期的信任与权力均衡状态进入到权力高位状态，而其筹码便是已掌握的专属性资产。建议交易双方在作决策时，长期稳定地采用第 4 章图 4.5 所示的信任与权力选择机制，要充分考虑对方的能力与信誉记录以及现阶段的关系状态，并预测作出偏信任或偏权力的决策后对双方关系的影响，利用这三个因素来决定自身的态度。

善于利用信任的弹性效应，如在信息沟通方面的增加频率、增强公开性与完整性，积极响应对方的信任，控制力原则下的风险分担机制，持续的可信赖行为等。与此同时，慎重权力的使用，尤其是对于权力高位的政府来讲，少用权力多用信任不仅可以促进双方形成伙伴关系，还可以提升私人部门的积极性，并激励其产生连续的可信赖行为，从而有利于项目整体效率的提升。例如，与名流公司在正式契约再造中对双方控制力范围之外的风险不做详细的合同条款约定，而建立协商启动与结束机制；再如，保障名流公司对项目相关的配套设施建设审批的知情权及优先权等。

6.3.2.3　引入独立的第三方咨询机构，通过激励与监督机制能动地影响双方信任与可信赖行为的良性互动

现阶段，泉州市政府和名流公司面对民众呼吁取消刺桐大桥的收费都未作出实质性的回应。在这种情况下，聘请独立的第三方咨询机构提供专业化的服务可能是比较有效果的手段。专业的咨询公司拥有丰富的项目经验，对PPP 项目的行业规则较为熟悉，并可以借鉴国外经验及成熟的做法，提出相应的问题解决方案，并主持双方进行高效的谈判与协商，再造正式契约作为项目后续实施的依据。

与此同时，专业的咨询单位可利用第三方的独立优势建立可观的激励与监督机制，评价双方的最小信任程度，并给出激励与监督措施的相关建议，在监督次数、激励与惩罚系数之间做好平衡，从而改进泉州市政府与名流公司的交易关系。采用自上而下的激励机制，如委托人对代理人，代理人对项目经理，代理人对施工方等；激励手段多样化，以增强对象的自主性与能动性为目标。同时发挥 PPP 项目中的公众利益特性，采用多种监督手段，如政府部门监督、社会公众监督、咨询公司监督、媒体监督等，形成多重复合的监督体系。尤其是在我国 PPP 项目法律框架搭建尚未完成的情况下，第三方咨询机构的介入是协助 PPP 项目规范运作的有效手段。

6.4　本章小结

　　本章以福建泉州刺桐大桥项目的契约治理为例，介绍了选择该案例的理由以及项目的概况。结合本书所设计的契约治理结构以及关键过程，对案例中的契约体系和关系调节机制进行了分析与评价，并提出了相关建议。

第7章 结论与展望

　　PPP 模式作为一种创新型公共项目提供方式，将社会资本与政府相结合，优化资源配置，提高项目效率，是国家在经济体制改革进程中重点推广的一种模式，对加快新型城镇化建设、提升国家治理能力、构建现代财政制度具有重要意义。从 PPP 模式在我国的实践效果来看，在质量、工期、成本方面取得了一定成效。然而从契约角度看，PPP 项目作为一种长期的契约关系，市场无法持续发挥对资源的优化配置作用，源自于契约治理能力的不足，主要表现为：①没有形成高层级的法律框架，交易双方的权利得不到保障，社会资本顾虑重重；②传统的决策机制使得政府处于高位，公权力使用缺乏约束，使得社会资本承担更多风险；③缺乏规范的合同文本和尊重契约意识，使交易成本提高、交易关系恶化。这是非找到一个全面、科学、稳定和有机的契约治理结构而不能解决的。

　　本书基于我国社会差序格局的特殊性，选择交易成本－镶嵌架构来重新解释契约治理理论，在系统分析我国 PPP 项目的交易性质与关系性质的基础上设计了完整的契约治理三维结构，其中进行了一系列有意义的探索和尝试，主要工作和取得的阶段性进展总结如下。

　　①基于交易成本－镶嵌架构完成对契约治理理论的重新解释，包括对契约的重新定义与分类，对关系性质中的信任与权力重新定义与分类，并构建出契约治理的概念模型。

　　②从三个维度出发对 PPP 项目契约治理结构做整合。第一，构建出了治理的过程维度，结合了 PPP 项目的交易流程与交易成本的流程性分类；第二，构建出了治理的要素维度，结合了交易成本的解释变量与交易成本的产生因素；第三，构建出了治理的运作维度，结合了契约体系与关系调节机制，并

分别分析了它们的作用机理。最后，整合三个维度形成 PPP 项目契约治理的整合结构，并给出了治理的关键过程。

③从关系契约与正式契约共同治理的角度重新定义了 PPP 项目治理的实施，提出项目治理的新思路：将项目中的所有主体通过一定的关系连接起来，使每个主体间的责、权、利成为密不可分的联结体，每个主体不仅要考虑自身的利益诉求，还要考虑其他主体利益的实现情况，进而达到项目整体效益最大化的目标。

④以福建泉州刺桐大桥项目的契约治理为例，结合本书所设计的契约治理结构以及关键过程，对案例中契约体系和关系调节机制进行了分析与评价，并提出了相关建议。

PPP 项目的契约治理结构是一个涉及范围较广的研究领域，加上 PPP 项目的长期性与复杂性使得在实际操作过程中会遇到诸多不可控的因素，增大了研究的难度。本书在治理结构的运作维度中仅给出了由正式契约、关系契约、社会契约、心理契约构成的契约体系和由决策前信任与权力选择机制、决策后激励与监督机制构成的关系调节机制，其运行机理尚有诸多具体细节需要进一步深入探讨和研究，可大致归纳为以下几个方面。

①契约体系中各类契约的相互作用在交易流程各阶段是如何表现的，以及对契约治理中人性与环境要素的影响过程。

②契约体系与关系调节机制是如何具体结合的，其关键过程中的结合点与平衡点将如何选择。

③以提升项目契约治理能力为目的，需基于契约治理结构及其关键过程构建能力评价指标体系，形成契约治理的最佳实践，这需要大量的项目实践数据作支撑。

参考文献

[1] 罗家德，叶勇助.中国人的信任游戏 [M].北京：社会科学文献出版社，2007:68.

[2] ANDERSEN A.Value for Money Drivers in the Private Finance Initiative: report commissioned by the Treasury Taskforce [R] . 2000:50-78.

[3] The World Bank. Granting and renegotiating infrastructure concessions, doing it right[R] . Washington, D. C.: WB,2004.

[4] LIU Jicai, CHARLES Y J C. Real option application in PPP/PFI project negotiation [J] . Construction Management and Economics, 2009, 27(4): 331-342.

[5] SIEMONSMA H, VAN NUS W & UYTTENDAELE P. Awarding of Port PPP contracts: the added value of a competitive dialogue procedure. Maritime Policy & Management: The flagship journal of international shipping and port research[R]. 2012 (39:1):63-78.

[6] CAMEN C. Service quality on three management levels: A study of service quality in public tendering contracts[J] .International Journal of Quality and Service sciences.2010, (3):317-334.

[7] BOULAY J. The role of contract, information systems and norms in the governance of franchise Systems[J] .International Journal of Retail & Distribution Management, 2010, 38(9) : 662-676.

[8] HOEZEN M, VOORDIJK H, DEWULF G. Contracting dynamics in the competitive dialogue procedure[J] .Built Environment Project and Asset Management,2012, 2(1): 6-24.

[9] CAMEN C, GOTTFRIDSSON P, RUNDH B. To trust or not to trust?:

Formal contracts and the building of long-term relationships[J] .Management Decision, 2011, 49(3):365- 383.

[10] LAAN A, VOORDIJK H, DEWULF G. Reducing opportunistic behavior through a project alliance[J] .International Journal of Managing Projects in Business,2011,4(4): 660-679.

[11] ZHANG ZHE, JIA MING. Procedural fairness and cooperation in public - private partnerships in China[J] . Journal of Managerial Psychology, 2010, 25(5): 513-538.

[12] CAMEN C, GOTTFRIDSSON P, RUNDH B. Contracts as cornerstones in relationship Building[J] .International Journal of Quality and Service Sciences,2012,4(3):208- 223.

[13] DAVIS P, LOVE P. Alliance contracting: adding value through relationship development [J] .Engineering, Construction and Architectural Management,2011,18(5) :444- 461.

[14] PERUNOVIC Z, Christoffersen M, N MEFFORD R. Deployment of vendor capabilities and competences throughout the outsourcing process[J] . International Journal of Operations & Production Management, 2012,32: 351-374.

[15] PESQUEUX Y. Social contract and psychological contract: a comparison[J] .Society and Business Review, 2012, 7(1): 14 - 33.

[16] 柳锦铭, 陈通. 基于综合社会契约论的公共项目契约性分析 [J] . 电子科技大学学报 (社科版),2007,06:14-17.

[17] 黄腾 , 柯永建 , 李湛湛 , 等 . 中外 PPP 模式的政府管理比较分析 [J] . 项目管理技术 ,2009,01:9-13.

[18] 亓霞 , 柯永建 , 王守清 . 基于案例的中国 PPP 项目的主要风险因素分析 [J] . 中国软科学 ,2009,05:107-113.

[19] 陈帆 . 基于契约关系的 PPP 项目治理机制研究 [D/OL] . 中南大学 ,2010[2010-11-01] . http://kreader.cnki.net/Kreader/CatalogViewPage.aspx?dbCode=cdmd&filename=1011177863.nh&tablename=CDFD1214&compose=&first=1&uid=.

[20] 张水波 , 康飞 , 高颖 . 国际 PPP 项目合同网络及其承购合同的安排 [J]

. 国际经济合作 ,2011,02:47-51.

[21] 孟紫霞 . PPP 模式下合同制治理的问题及对策研究 [D/OL] . 大连理工大学 ,2013[2013-04-01]. http://kreader.cnki.net/Kreader/CatalogViewPage. aspx?dbCode= cdmd&filename=1013199095.nh&tablename=CMFD201302&compose=&first=1&uid=WEEvREcwSlJHSldRa1Fhb09jSnZpZ0FEeHBGVU1vUkgyVkw4cE5QM0RnTT0=$9A4hF_YAuvQ5obgVAqNKPCYcEjKensW4ggI8Fm4gTkoUKaID8j8gFw!!.

[22] 王守清 , 程珊珊 . 国内外 PPP 项目适用范围 "PK"[J] . 施工企业管理 , 2014, 09: 87-88.

[23] 贾明 , 张喆 , 万迪昉 . 控制权私人收益相关研究综述 [J] . 会计研究 ,2007,06:86-93+96.

[24] 唐杜桂 , 刘海 . 浅谈基于交易成本理论的建筑业物流管理模式 [J] . 研究与对策 , 2008, 27（3）: 101-105.

[25] 乐云 , 蒋卫平 . 建设工程项目中信任产生机制研究 [J] . 工程管理学报 , 2010, 24(3) : 313-317.

[26] 方文丽 . 软预算约束下 PPP 项目契约重谈研究 [D/OL] . 合肥: 中国科学技术大学 ,2010[2010-4-9] . http://kns.cnki.net/KCMS/detail/detail.aspx?dbcode=CMFD&dbname=CMFD201301&filename=1012029502.nh&uid=WEEvREcwSlJHSldRa1Fhb09jSnZpZ0FEeHBGVU1vUkgyVkw4cE5QM0RnTT0=$9A4hF_YAuvQ5obgVAqNKPCYcEjKensW4ggI8Fm4gTkoUKaID8j8gFw!!&v=MDQ4MDBWRjI2SExxPNkY5VE1yWkViUElSOGVYMUx1eFlTN0RoMVQzcVRyV00xRnJDVVJMS2ZaT1JwdnRJJwRnl6bFU3dkw=.

[27] 刘跃武 , 席洪林 , 翟晓飞 , 等 . 基于交易成本的建筑供应链构建及运作研究 [J] . 武汉理工大学学报（信息与管理工程版）,2011,33（5）:842-850.

[28] 张羽 , 徐文龙 , 张晓芬 . 不完全契约视角下的 PPP 效率影响因素分析 [J] . 理论月刊 ,2012,12:103-107.

[29] 杜亚灵 , 闫鹏 . PPP 项目缔约风险控制框架研究——基于信任提升与维持的视角 [J] . 武汉理工大学学报 (社会科学版),2013,06:880-886.

[30] 孙慧 , 叶秀贤 . 不完全契约下 PPP 项目剩余控制权配置模型研究 [J] . 系统工程学报 ,2013,02:227-233.

[31] 国务院关于加强地方政府性债务管理的意见.国发〔2014〕43 号.

[32] 中华人民共和国担保法.主席令八届第五十号.

[33] 中华人民共和国政府采购法.主席令九届第六十八号.

[34] 收费公路管理条例.国务院令第 417 号.

[35] 关于推广运用政府和社会资本合作模式有关问题的通知.财金〔2014〕76 号.

[36] 地方政府存量债务纳入预算管理清理甄别办法.财预〔2014〕351 号.

[37] 关于印发政府和社会资本合作模式操作指南（试行）的通知.财经〔2014〕113 号.

[38] 关于政府和社会资本合作示范项目实施有关问题的通知.财金〔2014〕112 号.

[39] 关于开展政府和社会资本合作的指导意见.发改投资〔2014〕2724 号.

[40] 国务院办公厅关于政府向社会力量购买服务的指导意见.国办发〔2013〕96 号.

[41] 国务院关于深化预算管理制度改革的决定.国发〔2014〕45 号.

[42] 国务院关于加快发展体育产业促进体育消费的若干意见.国发〔2014〕46 号.

[43] 国务院关于创新重点领域投融资机制鼓励社会投资的指导意见.国发〔2014〕60 号.

[44] 王春成.PPP 模式法律文本体系、核心条款及公共利益 [J].中国财政,2014, 09: 29-31.

[45] 布鲁索,格拉尚.契约经济学：理论和应用 [M].王秋石,李国民译.北京：中国人民大学出版社,2011：111-112.

[46] WILLIAMSON O. E. The Economic Institutions of Capitalism[M].New York:The Free Perss,1985：264-265.

[47] GRANOVETTER M. Economic Action and Social Structure: The Problem of Embeddedness[J].American Journal of Sociology, 1985, 91:481-550.

[48] GRANOVETTER M. Economic institutions as Social Constructions: A Framework for Analysis [J].Acta Sociologica, 1992, 35(3):3-11.

[49] POWELL W. Neither Market Nor Hierarchy: Network Forms of

Organization [J] .Research in Organizational Behavior.1990, 12: 295-336.

[50] 汉迪 . 空雨衣 [M] . 周旭华译 . 杭州：浙江人民出版社，2012：36-37.

[51] UZZI, B. The Sources and Consequences of Embeddedness for the Economic Performance of Organizations [J] . American Sociological Review, 1996, 61:674-698.

[52] UZZI, B. Social Structure and Competition In Interfirm Networks：The Paradox of Embeddedness [J] . Administrative Science Quarterly, 1997, 42:35-67.

[53] WILLIAMSON O. E. Transaction-Cost Economics: The Governance of Contractual Relation[J] .Journal of Law and Economics,1979,22:233-261.

[54] WILLIAMSON O. The Economics of Organization: The Transaction Cost Approach [J] . American Journal of Sociology.1981, 87: 548-577.

[55] PALAY P M. Comparative Institutional Economics: The Governance of Rail Freight Contracting[J] .Journal of Legal Studies.1984,13:265-287.

[56] 何怀宏 . 契约伦理与社会正义：罗尔斯正义论中的历史与理性 [M] . 北京：中国人民大学出版社，1993:56-58.

[57] L, ZENGER T P, Do formal contracts and relational governance function as substitutes or complement?[J] .Strategic Management Fournal,2002,23(7):07-25.

[58] GIBBONS. Incentives Between Firms (and Within) [J] . Management Science, 2005 (51): 2-17.

[59] CHENG L, ROSETT A. Contract with a Chinese Face: Socially Embedded Factors in the Transformation from Hierarchy to Market,1978—1989[J] .Journal of Chinese Law,1991,5: 143-244.

[60] WANG Y Q, LI M. Unraveling the Chinese miracle:a perspective of interlinked relational [J] .Chinese Political Science, 2008, (3):269-285.

[61] SCHEIN.E H. Organizational psychology[M] .3rd ed. New Jersy:Pritice Hall,1980.

[62] ROBINSON S L, ROUSSEAU D M. Violating the psychological contract: Not the exception but the norm [J] . Journal of organizational behavior, 1994, 15(3): 245-259.

[63] ROBINSON S L, MORRISON E W. Psychological contracts and OCB:

The effect of unfulfilled obligations on civic virtue behavior [J] . Journal of organizational behavior, 1995, 16(3): 289-298.

[64] ROBINSON S L. Trust and breach of the psychological contract [J] . Administrative Science Quarterly, 1996, 41(4): 574~599.

[65] CATHERINE L WANG, Thor Indridason, Mark N K,et al. Affective and continuance commitment in public private partnership [J] . Employee Relations,2011, 32:396-417.

[66] 卢梭 . 社会契约论 [M] . 李平沤译 . 北京：商务印书馆，2011 : 78-79.

[67] MAKIN P, COOPER C, COX C. Organizations and the Psychological Contract [M] . Chicago:Quorum Books,1996.

[68] DONALDSON, T & DUNFEE, T W. Toward a Unified Conception of Business Ethics: Integrative Social Contracts Theory[J] .Academy of Management Review, 1994,19(2) : 252-284.

[69] 柏培文 . 委托代理的四种契约关系 [J] . 商业研究 ,2011,02:85-89.

[70] SCHURR, PAUL H, Julie LOzanne.Influences on Exchange Processes: Buyers' Preconceptions of a Seller's Trustworthiness and Bargaining Toughness[J] . Journal of Consumer Research, 1985,03: 939-953.

[71] MCALLISTER, D. J. Affect and cognition-based trust as a foundation for interpersonal cooperation in organizations[J] .Academy of Management Journal,1985,38 (1): 24-59.

[72] Jagd S. Balancing trust and control in organizations: towards a process perspective[J] . Society and Business Review,2010,5(3):259-269.

[73] SAKO M. Prices,quality and trust: inter-firm relations in Britain and Japan[M] . Cambridge :Cambridge University Press, 1992.

[74] 张屹山 , 金成晓 . 真实的经济过程 : 利益竞争与权力博弈——经济学研究的权力范式 [J] . 社会科学战线 ,2004,04:83-93.

[75] JDUNCAN W, Selective area growth for opto-electronic integrated circuits (OEICs)[J] . Materials Science and Engineering, 1991, 9:93-100.

[76] 王永进 , 盛丹 . 政治关联与企业的契约实施环境 [J] . 经济学 , 2012, 04: 1193-1218.

[77] 宋金波, 宋丹荣, 王东波. 泉州刺桐大桥 BOT 项目的运营风险 [J]. 管理案例研究与评论,2009,03:196-204.

[78] 黄前柏. 国内首个 BOT 项目的前世今生 [J]. 新理财 (政府理财),2014,07:24-26.

[79] 励仞. 泉州刺桐大桥启示——PPP 运用之三 [J]. 新理财 (政府理财),2014,05:51-52.

[80] 贾康, 孙洁, 陈新平, 等. PPP 机制创新:呼唤法治化契约制度建设——泉州刺桐大桥 BOT 项目调研报告 [J]. 经济研究参考,2014,13:43-51.

[81] 陈日光, 侯祥朝. BOT 项目超高额收益的矛盾分析与解决探讨——以泉州刺桐大桥项目为研究对象 [J]. 福建建设科技,2014,01:85-86.

[82] 刘彦. BOT 项目全过程绩效影响因素体系研究 [D/OL]. 大连: 大连理工大学,2013 [2013-5-1]. http://kns.cnki.net/KCMS/detail/detail.aspx?dbcode=CMFD&dbname= CMFD201302&filename=1013201497.nh&uid=WEEvREcwSlJHSldRa1Fhb09jSnZpZ0FEeHBGVU1vUkgyVkw4cE5QM0RnTT0=$9A4hF_YAuvQ5obgVAqNKPCYcEjKensW4ggI8Fm4gTkoUKaID8j8gFw!!&v=MjcyMTExVDNxVHJJXTTFGckNVUkxLZlpPUnBGGeXprVkx6SlZGMjZIYkc0SDlYRnFKKRWJQSVI4ZVgxTHV4WVM3RGg=.

[83] 福建省交通厅. 泉州大桥征收过桥费暂行办法》.1984.

[84] 福建省交通厅. 关于开展收费公路专项清理工作的通知. 交公路发〔2011〕283 号.

[85] 福建省交通厅. 关于泉州刺桐大桥及其附属工程建设的通知. 泉政〔1994〕综 190 号.